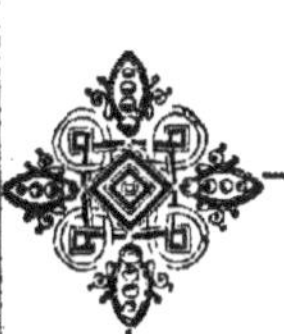
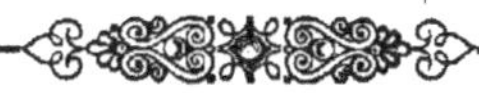

MORPHOGRAPHIE

OU L'ART

DE REPRÉSENTER FIDÈLEMENT TOUTES LES FORMES
ET APPARENCES DES CORPS SOLIDES,

PAR LE DESSIN LINÉAIRE ET PERSPECTIF.

TRAITÉ ÉLÉMENTAIRE

DESTINÉ A TOUTES LES PERSONNES QUI VEULENT
CONNAÎTRE EN PEU DE TEMPS ET D'UNE MANIÈRE RAISONNÉE
LE DESSIN EN GÉNÉRAL;

DÉDIÉ

A SON ÉLÈVE DE PERSPECTIVE ET AMI M. WATELET,

PAR THÉNOT,

Peintre, professeur et auteur de divers traités de Dessin et Peinture;
nommé premier candidat pour la chaire de professeur de perspective à l'École royale
des Beaux-Arts, section de l'Institut, etc., etc.

PARIS,

CHEZ L'AUTEUR, QUAI MALAQUAIS, 3,

ET CHEZ LES PRINCIPAUX ÉDITEURS, LIBRAIRES ET MARCHANDS D'ESTAMPES
DE PARIS ET DES DÉPARTEMENTS.

1838.

MORPHOGRAPHIE.

On trouve chez l'Auteur,

QUAI MALAQUAIS, 3,

ET CHEZ LES PRINCIPAUX LIBRAIRES ET MARCHANDS D'ESTAMPES
de Paris, des départements et de l'étranger.

COURS COMPLET DE PAYSAGE; par Thénot. Ouvrage grand in-4, 60 planches graduées, avec texte explicatif. Prix : 26 fr. 25 c.; les départements, 28 fr.; l'étranger, 30 fr.

PRINCIPES DE PERSPECTIVE PRATIQUE, à la portée de tout le monde, et devant être connus de toutes personnes qui dessinent; par Thénot. Il y a 14 planches avec texte explicatif. Prix : 5 fr. pour Paris; les départements, 6 fr.; l'étranger, 7 fr.

TRAITÉ DE PERSPECTIVE PRATIQUE, pour dessiner d'après nature; par Thénot. Ouvrage grand in-8, formé de 24 planches avec texte explicatif. Prix : pour Paris et les départements, 10 fr.; l'étranger, 12 fr.

COURS COMPLET DE PERSPECTIVE LINÉAIRE, appliquée au dessin d'après nature, à la composition des tableaux, à la distribution de la lumière, des ombres et du clair-obscur; par Thénot. Cet ouvrage grand in-4, est formé de 60 planches d'exemples pris dans la nature ou tirés des meilleurs tableaux anciens et modernes des différentes écoles, et appliqués aux différents genres, portrait, histoire, genre, paysage, marine, intérieurs, fleurs, etc. Ces planches, ainsi que le texte explicatif, sont divisés en 15 livraisons, du prix chacune de 2 fr. 25 c.

COURS COMPLET DE LITHOGRAPHIE, contenant la description des moyens à employer et des accidents à éviter pour dessiner sur pierre; par Thénot. Cet ouvrage, grand in-4, est formé de 50 planches avec texte explicatif, divisé en 10 livraisons du prix chacune de 3 fr. 50 c. Les planches sont des dessins originaux faits sur pierre par nos principaux artistes.

COURS COMPLET D'ÉTUDES DE FLEURS ET DE FRUITS; par Thénot. L'ouvrage complet, grand in-4, est formé de 60 planches avec texte explicatif, divisé en 15 livraisons, du prix de 1 fr. 75 c.

SOLIDES EN PLATRE, composés par Thénot, servant aux démonstrations des cours de dessin linéaire et du cours de perspective. Prix de la collection formée de 8 solides. Paris, 16 fr.; la province et l'étranger, 20 fr. Les frais de transport seront à la charge du preneur.

COURS COMPLET DE DESSIN LINÉAIRE ET PERSPECTIF, démontrant les variations de l'apparence de forme de corps, ainsi que leurs ombres et reflets, etc. Ouvrage à l'usage des colléges, des écoles, des ouvriers et de toutes personnes qui ont besoin de dessiner ce qui s'offre devant elles, et devant servir d'introduction à tous les différents genres de dessin; par Thénot. Il est formé de vingt-quatre planches avec texte explicatif in-4. Le prix est de 10 fr.

TRAITÉ DE PEINTURE A L'AQUARELLE ET DE LAVIS; par Thénot. Ouvrage in-8, de 24 planches de genres différents, avec texte explicatif divisé en 6 livraisons, du prix chacune de 3 fr. 50 c.

TRAITÉ DE PAYSAGE pour dessiner d'après nature; par Thénot. 24 planches, avec texte explicatif, en 6 livraisons, du prix chacune de 1 fr. 50 c.

PARIS. — IMPRIMERIE DE BOURGOGNE ET MARTINET, rue Jacob, 30.

MORPHOGRAPHIE

OU L'ART

DE REPRÉSENTER FIDÈLEMENT TOUTES LES FORMES
ET APPARENCES DES CORPS SOLIDES,

PAR LE DESSIN LINÉAIRE ET PERSPECTIF.

TRAITÉ ÉLÉMENTAIRE

DESTINÉ A TOUTES LES PERSONNES QUI VEULENT
CONNAÎTRE EN PEU DE TEMPS ET D'UNE MANIÈRE RAISONNÉE
LE DESSIN EN GÉNÉRAL ;

DÉDIÉ

A SON ÉLÈVE DE PERSPECTIVE ET AMI M. WATELET,

PAR THÉNOT,

Peintre, professeur et auteur de divers traités de Dessin et Peinture;
nommé premier candidat pour la chaire de professeur de perspective à l'École royale
des Beaux-Arts, section de l'Institut, etc., etc.

PARIS,

CHEZ L'AUTEUR, QUAI MALAQUAIS, 3,

ET CHEZ LES PRINCIPAUX ÉDITEURS, LIBRAIRES ET MARCHANDS D'ESTAMPES
DE PARIS ET DES DÉPARTEMENTS.

—

1838.

TRAITÉ

DE

DESSIN LINÉAIRE

ET PERSPECTIF.

Ayant amélioré l'étude de la perspective et perfectionné sa pratique par rapport au tracé des tableaux, je me suis occupé d'appliquer ses principes à l'enseignement du dessin; en conséquence j'ai créé un *Cours complet de dessin linéaire et perspectif*, qui doit servir d'introduction à tous les différents genres de dessin, soit artistique, soit industriel, tels que figure, paysage, ornements, etc., etc. Il démontre par des règles fixes les *variations de l'apparence de forme des lignes, des surfaces et des corps, suivant leur position par rapport à l'œil du dessinateur*. Quelques opérations extrêmement simples servent à vérifier l'exactitude du résultat. *La forme des ombres, la manière de trouver leur juste limite, la valeur approximative de leur intensité ainsi que celle de leur reflet*, forment le complément de cet ouvrage.

Les études se font par des moyens manuels et par raisonnement sur quelques dessins, puis sur des corps solides affectés à cet objet, puis enfin sur tous les objets qui ont quelques rapports avec ceux étudiés.

Cette manière de procéder conduit promptement à un bon

résultat, car elle consiste à enseigner à l'œil à voir juste, lui démontrant pourquoi cette forme ou cette direction apparaissent de telle ou telle manière, et comme la main suit toujours les progrès de l'œil, elle trace avec assurance ce que l'on veut représenter. Ainsi, cette route nouvelle que j'ai ouverte à l'enseignement a obtenu dès son apparition un succès qui dépasse mes espérances; beaucoup de colléges, de professeurs l'ont de suite adopté et des lettres de toutes parts sont venues me féliciter; mais en même temps plusieurs m'engageaient fortement à répandre ma méthode le plus possible, d'en faire jouir pour ainsi dire toutes les classes. Après avoir médité ces avis, j'ai conçu ce *Traité de dessin linéaire et perspectif* qui, par le choix des principes qu'il contient, la clarté des démonstrations et son prix peu élevé, pourra rendre de grands services aux écoles et aux classes industrielles et ouvrières qui ont tous besoin de connaître le dessin pour représenter ce que le besoin ou le perfectionnement leur révèlent, et qui ont si peu de temps à consacrer à cette étude.

Le but que je me suis proposé sera atteint si j'ai réussi à rendre plus générale cette conviction, qu'il n'est pas plus difficile et qu'il est aussi indispensable d'apprendre à dessiner, que d'apprendre à lire et à écrire; que l'un et l'autre de ces arts sont destinés à servir tous les jours aux besoins les plus fréquents de la vie.

DES OBJETS NÉCESSAIRES AU DESSIN.

Pour étudier le dessin, il faut avoir un tableau noir, du papier à dessin, un portefeuille, des crayons blancs, des crayons noirs, un porte-crayon, des estompes, du coton, de la peau de gants blancs et de la mie de pain, enfin des solides réguliers.

Les études du tracé, soit comme ensemble, soit comme trait, se font sur un *tableau noir* de la grandeur de dix-huit pouces à deux pieds; ce tableau est ordinairement en bois, ou en toile imprimée et tendue sur un châssis, quelquefois il est remplacé par une *grande ardoise.*

L'élève trace sur cette surface noire avec plus d'assurance que sur le papier, sachant qu'il peut effacer avec facilité les faux traits; cependant lorsqu'il est exercé suffisamment à l'étude d'une figure, qu'il la trace avec facilité, il faut qu'il l'exécute sur le papier.

Le *papier* doit être blanc et assez doux de grain, afin de ne pas présenter de difficultés au tracé qui doit s'effectuer dessus.

Le *portefeuille* doit être formé de deux feuilles de carton assez épaisses pour ne pas fléchir lorsque l'on s'appuie dessus pour dessiner; il sert à serrer le papier blanc, les dessins faits et ceux en confection.

Le *crayon blanc* s'emploie pour tracer sur le tableau noir; il faut le choisir assez tendre pour qu'il n'ait pas l'inconvénient de rayer la surface du tableau.

Le *crayon noir* sert à tracer sur le papier; il faut en avoir de trois qualités : du crayon fusain, du crayon noir n° 2, et du crayon à sauce.

Le *fusain*, ou crayon de charbon de bois, s'emploie pour chercher l'ensemble et pour commencer l'esquisse; il est très tendre et s'efface facilement; il suffit de frapper avec la main un petit coup sur le papier, et de souffler la poussière noire qui en résulte, puis de passer sur les parties encore visibles un morceau de peau de gant.

Le *crayon* n° 2, crayon de Conté, est assez ferme sans être dur; il s'emploie pour terminer l'esquisse et passer au trait.

Le *crayon à sauce* est fort mou et très noir; étant écrasé sur un morceau de papier, il se place sur le dessin par l'entremise de l'estompe, pour exprimer la valeur des ombres, des demi-teintes et du clair obscur.

Le *porte-crayon* doit être plutôt un peu long que trop court; il doit avoir de sept à huit pouces; sa construction doit être solide, et cependant il faut qu'il soit léger; car, sans cela, il aurait l'inconvénient de gêner le tracé par la pesanteur de son extrémité, qui est dans l'inaction et qui ferait contre-poids.

Il faut avoir au moins quatre estompes, une de la grosseur du pouce, faite de peau de daim; une moins forte, faite de peau très douce, ou peau de mouton; une qui doit, comme grosseur, tenir le milieu entre les deux premières et être faite de papier non collé, enfin la quatrième qui est petite et faite de papier collé.

La *mie de pain* s'emploie pour effacer les faux traits faits avec le crayon n° 2 et enlever le noir qui dépasse les contours, et, en plus, à rattraper des effets de lumière. Pour être bonne, la mie de pain doit être rassie et sèche, sans cependant être dure, c'est-à-dire qu'il ne faut pas qu'elle ait été mouillée ni déposée dans un endroit humide. Le pain tendre ne doit jamais être employé, attendu qu'il a le désagrément de graisser la surface du papier, et, par conséquent, d'empêcher le crayon de prendre franchement.

La mie de pain s'emploie émiettée et en boulettes; émiettée, elle sert à affaiblir le crayon, et en boulettes, à l'effacer entièrement.

Comme tout ce qui est corps solide est formé de lignes saisissables, que ces lignes apparaissent à l'œil sous des formes variables, suivant leur position par rapport à notre œil, il est donc de toute nécessité d'étudier ces formes d'après des solides réguliers; un cube, un cylindre, un cône et une sphère suffisent, car ils contiennent la réunion des lignes droites et courbes que l'on rencontre le plus ordinairement dans l'étude du dessin.

J'ai fait exécuter ces solides en plâtre, et les adresse aux personnes qui les désirent. Voir le dos de la couverture.

DE L'ENSEMBLE.

C'est la première disposition à faire lorsque l'on veut dessiner une figure quelconque. Pour faire l'ensemble d'une figure-modèle tracée sur du papier, il faut la placer devant soi dans une position verticale. Cette position est de rigueur pour voir cette figure de sa grandeur réelle. Il ne faut pas en être très près afin de l'apercevoir entièrement sans déranger la tête et d'une seule œillade; le papier ou tableau devant être dans la même position verticale, et placé droit et juste en face le modèle, de manière à permettre de pouvoir comparer continuellement la copie avec l'original. Il en sera de même pour l'ensemble d'après les corps solides.

Pour obtenir l'*ensemble*, il faut tracer sur le papier ou tableau des lignes vagues que l'on suppose entourées, presser la figure que l'on veut copier; mais, avant de rien tracer, il faut comparer les proportions de la figure-modèle, reconnaître si elle est aussi large que haute, ou plus longue que large, ou plus haute que large, quel est le rapport de ces proportions, etc. Je reviendrai sur ces détails quand il en sera temps.

De l'esquisse et du trait.

L'*ensemble terminé* doit être l'exacte proportion de toutes les parties de la figure représentée, ainsi que l'aspect de la forme extérieure, sans cependant en avoir ni les détails ni la pureté de contours; le premier tracé se fait avec le fusain et le plus vaporeusement possible, ensuite on se sert du crayon n° 2 pour déterminer l'apparence du contour ou silhouette, et la juste limite des masses et des détails, les représentant comme formes aussi fidèlement que possible; c'est cette seconde préparation que l'on nomme *esquisser.*

L'*esquisse*, quoique tout-à-fait semblable au modèle, doit être légèrement tracée.

L'esquisse terminée, on pose dessus de la mie de pain émiettée que l'on dirige dans toutes les directions avec l'extrémité des doigts et en tournant, jusqu'au moment où l'esquisse ne fait plus qu'apparaître.

Passer au trait, c'est épurer l'esquisse en repassant franchement le crayon n° 2 dessus.

Il faut observer que le trait doit être plus fin et plus léger dans les endroits clairs que dans ceux qui sont dans l'ombre.

Je vais passer à la pratique, commençant par les objets les plus simples; je mêle les exercices de définitions qu'il est urgent de connaître.

On nomme *figure* ou *corps* tout ce qui réunit les trois dimensions de l'étendue, *longueur*, *largeur* et *profondeur*, ou *épaisseur*; les corps sont formés par des *surfaces*; les surfaces par des *lignes*, et les lignes par des *points*.

PREMIÈRE PLANCHE.

Des points et des lignes.

Fig. I. — Le *point* est la plus petite partie visible que l'on puisse imaginer; il ne doit avoir ni longueur, ni largeur, ni épaisseur; cependant, comme on s'en sert souvent dans l'étude du dessin, on est obligé de le représenter par une figure beaucoup plus grosse qu'elle ne doit l'être réellement; je l'ai indiquée par la figure marquée A.

Pour désigner un point, on emploie une lettre quelconque: chaque point doit avoir une lettre différente, afin de ne pas le confondre dans le cours des démonstrations.

Le point n'a ni longueur, ni largeur, ni épaisseur; mais si l'on ajoute des points à la suite les uns des autres, ils formeront une figure qui aura longueur sans largeur ni épaisseur, et que l'on nommera *ligne*.

Les extrémités d'une ligne se nomment *points;* par conséquent, on désigne une ligne par deux lettres que l'on place à ses extrémités; ainsi on dit la ligne B C.

On nomme aussi point, la rencontre de deux lignes qui se coupent.

La ligne change de nom suivant la direction des points qui la forment. Par exemple, on nomme *ligne droite* celle qui est la plus courte que l'on puisse mener d'un point à un autre point, telle que la ligne B C; la ligne droite est celle que l'on trace ordinairement avec une règle.

Lorsqu'une ligne est formée de lignes droites non interrompues, elle se nomme *ligne brisée;* telle est celle désignée par les lettres D E F G H I.

Toutes celles qui ne sont ni droites ni composées de lignes droites se nomment *lignes courbes;* c'est une suite de points qui ne sont pas dans la même direction; la ligne J K est une ligne courbe.

Il peut y avoir une variété infinie de lignes courbes, tandis que les lignes droites sont toujours semblables.

Toutes lignes formées de lignes droites et de lignes courbes,

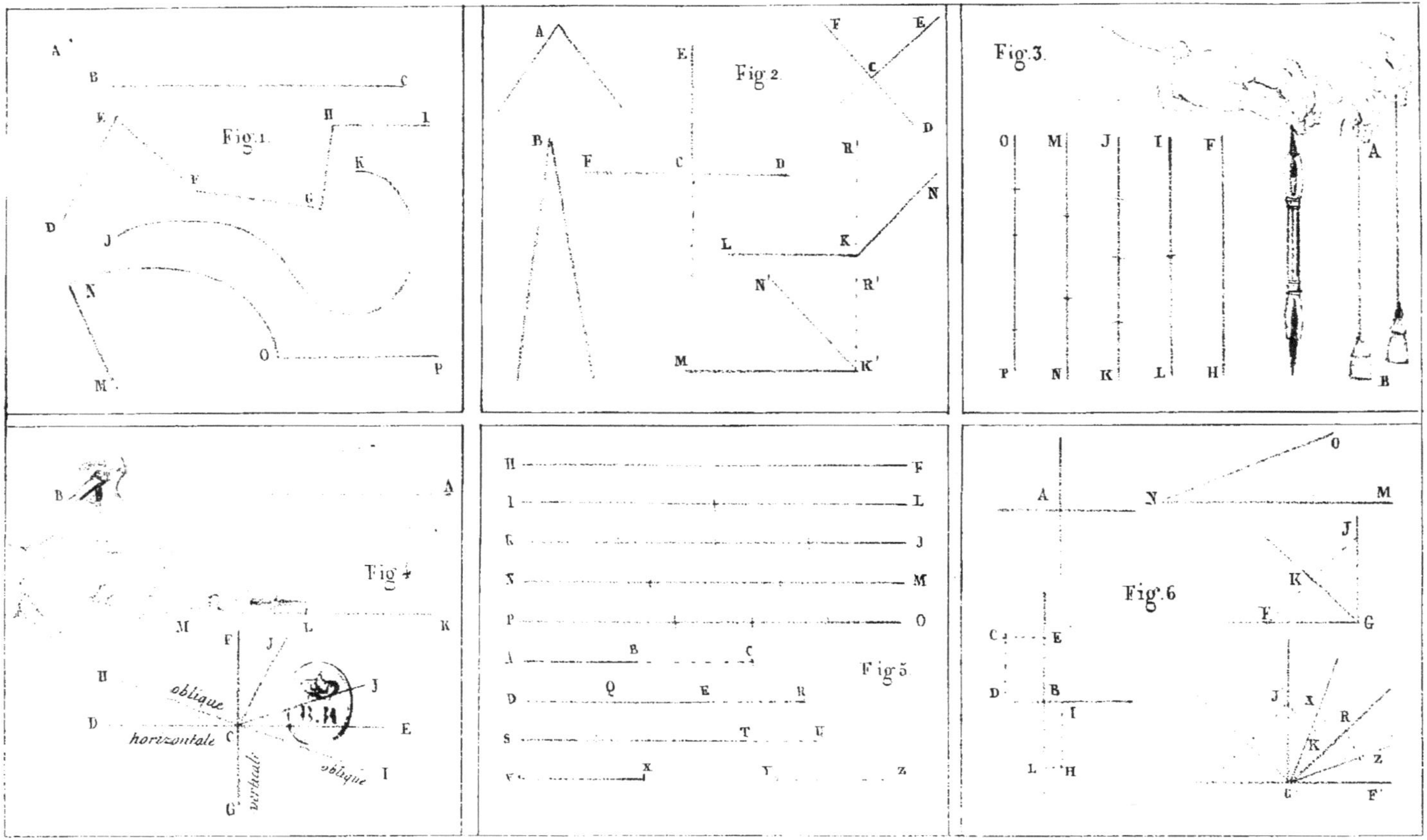

Fig. 1

Fig. 2

Fig. 3

Fig. 4

oblique

horizontale

verticale

oblique

Fig. 5

Fig. 6

Imp. de Lemercier, Benard et Cie

Étude de lignes.

telles que celles désignées par MNOP, se nomment *lignes brisées.*

Ainsi l'on voit qu'il n'y a que deux espèces de lignes, la droite et la courbe; les deux autres, la brisée et la mixte, sont des composés de lignes droites ou de droites et de courbes.

Des angles.

Fig. 2. — Lorsque deux lignes se rencontrent, elles forment un *angle;* le point de rencontre se nomme le *sommet de l'angle*, les deux lignes sont les *côtés de l'angle*, et l'espace indéterminé compris entre ces côtés se désigne par *ouverture de l'angle.*

Lorsqu'un angle est isolé, il peut se désigner par une seule lettre que l'on place à son sommet. Exemple : on dit l'angle A, l'angle B ; mais s'il y a plusieurs angles placés de manière à ce qu'ils se touchent par leurs sommets, afin de ne pas les confondre, il faut employer trois lettres ; l'une se place au sommet de l'angle, et les deux autres à l'extrémité des côtés; il faut toujours énoncer la lettre du sommet entre les deux autres ; ainsi l'on dit l'angle DCE ou bien ECD, l'angle ECF ou bien FCE.

La grandeur d'un angle ne dépend pas de la longueur de ses côtés, mais de leur écartement; car c'est l'ouverture de l'angle que l'on mesure, et non pas la longueur des côtés. Exemple : l'angle A est plus grand que l'angle B, puisque l'angle A a son ouverture plus grande ou plus ouverte que l'ouverture de l'angle B, quoique ce dernier ait les côtés beaucoup plus grands; effectivement on peut prolonger aussi loin que possible les côtés d'un angle sans rien changer à son ouverture.

Les angles se désignent par des noms différents, suivant la grandeur de leur ouverture.

Lorsqu'une ligne est placée sur une autre ligne, de manière qu'elle soit d'aplomb dessus, c'est-à-dire qu'elle ne penche ni à droite ni à gauche, elle forme l'*angle droit;* par conséquent tous les angles droits ont l'ouverture égale. Ainsi l'angle DCE a son ouverture égale à l'ouverture de l'angle FCE.

Si l'on prolongeait la ligne EC au-dessous de la ligne DF, on obtiendrait quatre angles droits ou quatre angles égaux.

Les angles droits tiennent le milieu entre deux autres espèces; ceux qui ont l'ouverture plus grande et ceux qui l'ont plus petite.

Tous ceux qui ont l'ouverture plus grande que l'angle droit, que l'angle LKR, quelle que soit la grandeur de cette ouverture, se nomment *angles obtus*. Exemple : l'angle LKN est un angle obtus.

Tous ceux qui ont l'ouverture plus petite que l'angle droit, que l'angle MK'R', quelle que soit la grandeur de cette ouverture, se nomment *angles aigus*. Exemple : l'angle MK'N' est un angle aigu.

Il y a donc une grande quantité d'angles obtus et d'angles aigus.

Deux angles sont égaux quand ils ont la même ouverture. *Remarque*. On emploie souvent les mêmes lettres pour désigner des endroits se correspondant; mais alors, pour qu'il n'y ait pas d'erreur, on met à ces lettres une marque telle qu'un *accent aigu*. Exemple : A, A', cette seconde lettre se nomme A prime ; si l'on place deux accents A'', on dit A second, etc.

De la ligne verticale.

Fig. 3. Si l'on attache un plomb ou un corps lourd à l'extrémité d'un fil, que l'on tienne ce fil par son autre extrémité, et qu'on l'élève de manière que le plomb se trouve suspendu et isolé de tout objet, il en résultera que le fil sera tendu et formera une ligne droite parfaite; si ce fil ainsi placé est dans l'immobilité, la ligne qu'il décrit se nomme une *ligne verticale;* la ligne verticale est par conséquent la *ligne d'aplomb*. On peut par le même moyen former une seconde verticale près de la première; nécessairement ces deux lignes seront également espacées dans toute leur longueur, c'est-à-dire qu'elles seront parallèles l'une à l'autre.

On nomme *lignes parallèles* toutes celles qui conservent dans toute leur longueur le même espace entre elles, et conséquemment étant prolongées à l'infini ne pourraient jamais se rencontrer.

Toutes les lignes verticales sont parallèles.

Remarque. Il ne faut pas confondre *perpendiculaire* avec *verticale*, car une ligne ne peut être perpendiculaire que du moment où une autre ligne fait angle droit avec elle ; il peut donc y avoir des perpendiculaires dans toutes les directions ; la verticale n'a pas besoin d'autres lignes pour être verticale, elle ne dépend que de sa direction qui est invariable.

Une ligne verticale peut être en même temps perpendiculaire, si elle rencontre une autre ligne et qu'elle fasse angle droit avec elle.

Des lignes placées horizontalement.

Toute ligne qui est perpendiculaire à une ligne verticale est une ligne *placée horizontalement*. Ces lignes peuvent avoir une infinité de directions, puisqu'elles ne sont assujetties qu'à une seule règle, celle de faire angle droit avec une verticale.

Des lignes horizontales.

Une ligne ne peut être *horizontale* que moyennant deux conditions ; la première c'est d'être placée horizontalement, et la seconde d'être dirigée dans une direction voulue par rapport à l'œil du spectateur. J'entends par *spectateur* toute personne qui regarde un objet quelconque.

Fig. 4. Supposons une personne fixant son regard sur un point placé juste à la hauteur de son œil, soit B l'œil et A le point ; si l'on joignait ce point et le centre de l'œil par une ligne droite B A, cette ligne serait un *rayon visuel* placé horizontalement. Le rayon visuel, placé de cette manière, se nomme *rayon principal* ou *rayon central de l'œil.*

Toutes les lignes placées horizontalement, et qui font en même temps angle droit avec le rayon central de l'œil, sont des lignes horizontales ; par conséquent toutes les lignes horizontales sont parallèles.

On nomme *lignes obliques* des lignes inclinées qui, tout en faisant angle droit avec le rayon central, c'est-à-dire étant vues géométralement, ne sont ni verticales ni horizontales, mais qui peuvent se diriger dans toutes les directions intermédiaires à ces deux. Exemple, fig. 4 : la ligne F G est une verticale, la ligne D E une horizontale, et les lignes H I, J C, sont des lignes obliques.

Les lignes verticales, horizontales et obliques sont des *lignes vues de face* ou géométralement, c'est-à-dire qu'elles apparaissent de leur véritable grandeur ; toutes celles dont la position n'est pas dans l'une de ces trois catégories sont des lignes fuyantes.

Pour copier d'après un dessin une ligne droite placée verticalement.

Fig. 3. Il faut chercher à l'imiter aussi juste que possible, sans se servir d'une règle, la traçant d'abord très légèrement ; il est permis de s'y reprendre à plusieurs fois, si l'on ne peut réussir la première. Le papier ou tableau doit être bien droit devant soi et bien en face du modèle; cette condition est de rigueur. Pour tracer une ligne bien verticale, il faut se guider sur la ligne verticale du bord du papier, et observer qu'elle doit lui être parallèle : lorsque l'on est parvenu à rendre cette ligne tout-à-fait semblable au modèle, comme longueur et droiture, il faut repasser son crayon dessus, afin de lui donner plus de pureté et plus de force, et d'arriver au même degré de vigueur que dans l'original.

Les lignes verticales se tracent de haut en bas.

Pour tracer une ligne verticale d'après une ligne solide.

Pour représenter une ligne verticale faisant partie d'un corps, il faut, de même que dans le cas précédent, se placer droit devant, et s'en éloigner de manière à pouvoir l'apercevoir entièrement sans déranger la tête, et d'une seule œillade ; pour cela, on doit en être éloigné d'une distance égale à deux fois le moins et trois fois au plus la longueur de cette ligne. Avant de trouver la représentation de cette ligne, on s'assure si elle est réellement verticale, ce qui se vérifie au moyen d'un aplomb pris avec son porte-crayon.

Pour prendre un aplomb avec son porte-crayon, on le tient comme il est représenté dans cette figure, pour ainsi dire par la pointe du crayon, sans qu'il éprouve la moindre gêne; son poids livré à lui-même lui fait former la ligne d'aplomb. Pour tracer ensuite la ligne, opérer comme il a été dit plus haut.

Pour tracer plusieurs verticales.

Soit FH la ligne donnée, on propose de tracer des parallèles à cette ligne par les points I, J, M, O.

La première condition pour tracer ces lignes est de conserver entre chacune d'elles, dans toute leur longueur, toujours le même écartement.

Pour diviser des verticales en parties égales.

Après s'être exercé à tracer des verticales, il faut habituer son œil à les diviser en parties égales : d'abord, commencer par la ligne IL, la diviser en deux sans avoir recours à aucun instrument; seulement, lorsque l'on croit avoir réussi, il est bon de le vérifier au moyen de son porte-crayon.

Pour mesurer avec son porte-crayon, il faut le tenir avec les quatre doigts, comme à la figure 4. L'extrémité de l'ongle du pouce sert à marquer et tenir la grandeur de l'une des divisions qui doit servir de mesure pour vérifier si toutes les autres lui sont égales.

Lorsque l'exercice a conduit à diviser à vue une verticale en deux parties égales, on la divise en quatre, puis en huit, en seize, etc., etc., ce qui s'effectue en redivisant chaque division en deux. Des divisions paires on passe aux impaires; elles sont plus difficiles : on divise une ligne, telle que MN, en trois parties égales, puis en six, en douze, etc., etc., c'est-à-dire que l'on redivise chacune des divisions en deux. La division de trois doit aussi être faite par trois, neuf, dix-huit, etc., etc. Cette étude se fait en redivisant chacune des divisions en trois. De la division de trois on passe à celle de cinq, telle que OP; on l'étudie d'abord par cinq, dix, vingt, etc., redivisant chacune des divisions en deux; puis on la fait ensuite par cinq, vingt-cinq, etc., etc., redivisant chacune des divisions en cinq.

Lorsque l'on a fait ces divisions plusieurs fois, l'on a déjà acquis de la justesse d'œil; je regarde cette étude comme l'un des meilleurs exercices. Dans les écoles, le professeur tracera une ligne-modèle sur un grand tableau noir, puis il fera copier par tous les élèves.

Pour tracer des lignes horizontales.

Fig. 5. Les lignes horizontales se tracent de gauche à droite. Dans la disposition première, il faut bien observer de les placer parfaitement horizontales, ce qui s'obtient en faisant attention qu'elles soient, dans toute leur longueur, parallèles à la ligne du sommet, ou ligne supérieure et horizontale du papier ou tableau ; on a dû, en conséquence, s'assurer que les lignes qui forment le tableau fassent angle droit ; pour le reste de l'opération, il faut agir comme il a été dit pour les lignes verticales. Lorsque l'on est exercé au tracé des lignes horizontales, il faut les étudier dans toutes les divisions qui ont été faites sur les verticales, c'est-à-dire en deux, trois, quatre, cinq, etc., etc.

Au lieu de s'exercer sur des lignes de la grandeur de celles de ces planches, il est bon de le faire sur de beaucoup plus longues ; car plus elles auront d'étendue, plus elles seront difficiles, et meilleure sera l'étude.

Pour augmenter des lignes d'une grandeur donnée.

Soit donnée la ligne AB. On veut qu'elle ait le double de longueur de celle qu'elle a : il faut placer à vue d'œil le point C, qui doit être aussi éloigné de B que ce dernier point l'est du point A ; ensuite s'exercer à augmenter une ligne de la moitié de sa longueur, puis du tiers de sa longueur, puis de deux fois sa longueur, puis de trois fois, etc., etc.

Par un point donné, tracer une ligne horizontale, puis une verticale.

Fig. 6. Soit A le point donné. Par ce point, tracer une ligne horizontale, comme il a été dit plus haut, puis tracer la ligne verticale. Il faut observer que, pour être juste, chacune d'elles doit ne pencher ni à droite ni à gauche, et former quatre angles droits.

Pour copier un point.

Soit donné le point C. Il faut de ce point mener très légèrement une ligne verticale et une horizontale ; elles donnent les points D, E, et servent à comparer la distance ou éloignement existant du point C aux lignes B D, B E ; copiant exactement les distances, on obtient le point C. Le point H se copie de la même manière.

Cette opération est très importante ; il faut la répéter plusieurs fois, en changeant chaque fois le point de place.

Lorsque l'on est habitué à comparer avec l'œil la distance d'un point à une ligne, on peut copier manuellement la majeure partie des figures régulières que l'on rencontre.

Pour diviser un angle en deux angles égaux.

Soit l'angle droit F G J que l'on veut diviser en deux angles égaux ou deux demi-droits, il faut déterminer à volonté et à vue d'œil les points F J ; ils doivent être également distants du point G, les joindre par une ligne droite, puis diviser cette droite en deux, ce qui donne le point K ; joindre K G par une ligne qui divisera l'angle donné en deux. Pour rediviser chaque angle en deux, il faut prendre un nouveau point R sur la ligne K' G'; ce point doit être également éloigné du sommet de l'angle que les points F' J' ; joindre ce point R avec J' et F', diviser ces lignes en deux, ce qui donne X, Z; joindre ces points avec le point G', etc.

Un angle étant donné, en construire un semblable.

Soit donné l'angle M N O. Déterminer d'abord la ligne M N, puis la ligne N O, observant de rendre aussi juste que possible l'ouverture de cet angle. On devra s'exercer à copier des angles de grandeurs différentes.

DEUXIÈME PLANCHE.

Des surfaces.

Surface est ce qui a longueur et largeur, sans hauteur ou épaisseur.

Les surfaces sont *planes* ou *courbes.*

Pour qu'une surface soit *plane*, il faut qu'on puisse y appliquer une règle parfaitement droite en tous sens, et qu'on ne trouve nulle part de jour entre la règle et la surface.

Toute surface qui n'est ni plane ni composée de surfaces planes est une *surface courbe.*

Les surfaces ont différents noms, suivant leurs positions.

Toutes les fois qu'une ligne verticale tombe d'aplomb sur une surface, c'est-à-dire lorsqu'elle fait angle droit avec cette surface, cette surface est *placée horizontalement.*

Pour qu'une *surface* soit *verticale*, il faut qu'elle soit parallèle à une ligne verticale, ou bien, ce qui revient au même, qu'elle fasse angle droit avec une surface horizontale.

Les surfaces placées horizontalement, ou, ce qui est la même chose, les *surfaces horizontales*, sont non seulement invariables comme position, mais aussi comme direction; représentées en peinture, elles sont toujours vues en fuite, c'est-à-dire offrant une surface fuyante; tandis que les surfaces verticales, quoique ayant une position invariable, se dirigent dans diverses directions. Celles qui sont placées de manière que le rayon central de l'œil frappant dessus, leur fasse angle droit, sont vues de face ou géométralement, on les nomme *surfaces de front;* mais lorsqu'elles n'ont pas cette direction, elles sont vues en fuite, et se nomment *surfaces verticales fuyantes.*

Les surfaces qui ne sont ni horizontales ni verticales sont des *surfaces obliques;* n'importe leur position et leur direction, elles sont toujours vues en fuite.

Les surfaces de front sont vues dans leur véritable grandeur; mais les surfaces fuyantes apparaissent plus ou moins en raccourci, suivant leur inclinaison par rapport à l'œil ou leur éloignement du spectateur.

Pl. 2.

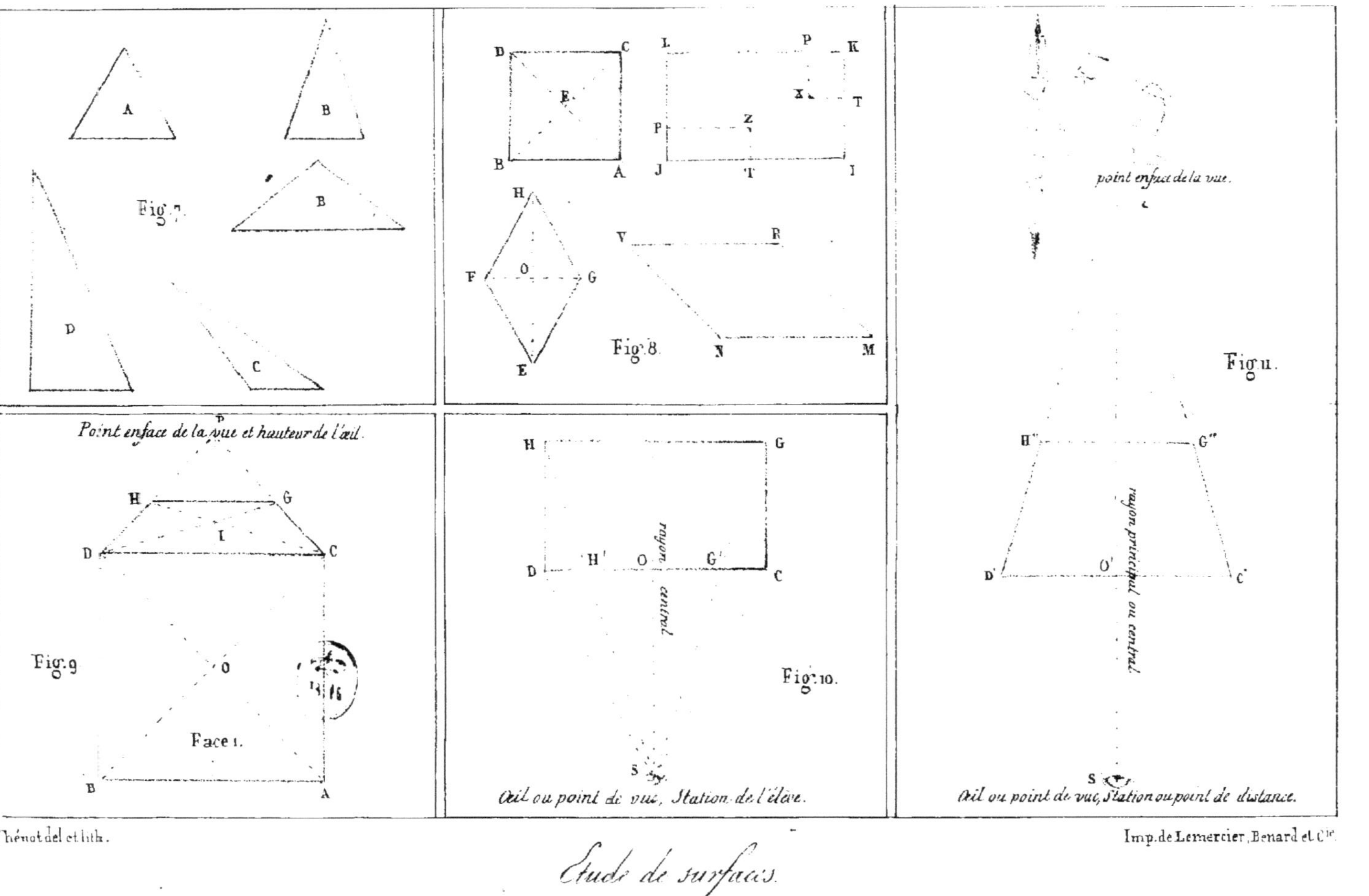

Thénot del. et lith.

Imp. de Lemercier, Benard et Cie.

Étude de surfaces.

Les surfaces terminées par des lignes droites se nomment *surfaces rectilignes.* Outre ce nom, elles en ont de différents, suivant le nombre de leurs côtés.

Celles de trois côtés se nomment *triangle;* de quatre côtés, *quadrilatère;* de cinq, *pentagone;* de six, *hexagone*, et celles de huit, *octogone*, etc., etc.

Les triangles ont différents noms particuliers, suivant la proportion de leurs côtés ou la grandeur de leurs angles.

Fig. 7. Le *triangle équilatéral* est celui qui a tous ses côtés égaux; il est marqué par A.

Le *triangle isocèle* a seulement deux côtés égaux; il est marqué par B.

Le *triangle scalène* a tous ses côtés inégaux; il est marqué par C.

Le *triangle rectangle* a un angle droit; le côté opposé à l'angle droit se nomme *hypoténuse.*

Comme les triangles, les quadrilatères ont différents noms particuliers.

Fig. 8. Le *carré* a les côtés égaux et les angles droits; il est marqué A B D C.

Le *losange* a les côtés égaux, sans avoir les angles droits; il est marqué E F H G.

Le *rectangle* a les côtés opposés égaux et les angles droits; il est marqué I J L K.

Le *parallélogramme* a les côtés opposés égaux et parallèles, sans avoir les angles droits; il est marqué M N V R.

La *diagonale* est une ligne droite qui joint les sommets de deux angles non adjacents. Les diagonales donnent à leur rencontre le milieu d'un carré, d'un rectangle, etc., etc.

Pour copier les triangles.

Il faut représenter avec justesse l'ouverture d'un de leurs angles, puis la longueur exacte des côtés de cet angle; en joignant les extrémités de ces lignes, on obtiendra le triangle.

Pour copier un carré.

Fig. 8. Tracer d'abord la ligne A B; puis, des points A B,

extrémités de la ligne donnée, élever des perpendiculaires à cette ligne; déterminer à vue d'œil la grandeur de la ligne A C égale à celle de la ligne A B, puis la grandeur B D égale aussi à A B; joindre les points C et D par une ligne droite qui termine le carré.

Pour copier un losange.

Copier l'ouverture de l'angle G E F, puis la longueur de ses côtés, qui doivent être égaux, ce qui détermine la moitié du losange; joindre les points G F par une ligne droite marquée très légèrement; diviser à l'œil la ligne G F, ce qui donne le point O; du point E et par le point O faire passer une ligne indéfinie; déterminer O H égale à O E, puis joindre G H, H F, ce qui termine le losange.

Pour copier un rectangle.

Déterminer la ligne I J, de ses extrémités élever des perpendiculaires, et déterminer de même leur longueur I K, J L, puis joindre les points K L.

Pour copier un parallélogramme.

Copier l'ouverture de l'angle N M R ainsi que la longueur des côtés M N, M R; mener N V parallèle à M R, et R V parallèle à M N, etc., etc.

Pour copier un point placé sur une surface.

Soit X le point qu'il faut copier; il se trouve placé dans le rectangle. De ce point mener une ligne horizontale et une verticale; elles donnent les points T P à leur rencontre avec les lignes K I, K L; représenter les mêmes distances sur sa figure-copie pour obtenir le point X. Il faut opérer de même pour représenter le point Z, ou tout autre point placé dans l'intérieur du rectangle.

Remarque. Pour obtenir un point quelconque sur une surface, on ne trace pas ordinairement les lignes X T, X P, on les figure seulement dans son imagination.

Autre remarque. Ce moyen est celui qu'il faut employer pour copier un point quelconque sur un tableau ou dessin. Cette opération est la même que celle donnée planche I, figure 6.

Des solides.

Les *solides* ou *corps* réunissent les trois dimensions de l'étendue : longueur, largeur et hauteur ou épaisseur.

Les solides sont formés par des surfaces.

L'intersection commune de deux faces adjacentes d'un solide se nomme *arête* du solide.

Le *cube* est un solide formé par six carrés égaux. C'est cette figure que nous allons étudier la première.

Il n'est aucunement difficile de construire un cube solide : six planchettes carrées, ou six morceaux de carton, cloués ou collés ensemble, suffisent; du reste, le premier ouvrier en bois peut s'en charger. Le cube établi, il faut tracer sur les faces, soit avec de l'encre ou un crayon, les dessins représentés dans les planches 2, 3, etc.

DE LA DISTANCE.

Il faut, avant de dessiner un solide, s'occuper de son placement par rapport à soi. Il doit être placé de manière qu'on puisse l'apercevoir entièrement d'une seule œillade; mais, pour cela, il est difficile d'assigner au juste l'écartement ou la distance qui doit exister entre le solide et l'œil. Cette distance dépend d'abord de la dimension du solide ; Léonard de Vinci la détermine égale à trois fois sa plus grande dimension; le Poussin pensait qu'on pouvait voir et dessiner un objet en ne s'en éloignant que de deux fois sa plus grande dimension. Des physiciens modernes ont prouvé qu'on pouvait très bien voir un solide, n'en étant distant que d'un éloignement égal à sa plus grande dimension. Pour moi, je pense que la distance convenable peut varier suivant la conformation de l'œil de la personne qui regarde et étudie; car l'ouverture de l'angle visuel varie beaucoup de grandeur; il est très ouvert à de certaines personnes et très aigu à d'autres. Les personnes qui ont cet angle très ouvert n'ont pas besoin d'être aussi éloignées du solide pour le dessiner que celles qui l'ont très aigu, car ces dernières se mettant à la place des premières ne verraient pas autant du solide qu'elles; si les premières l'embrassaient entièrement, les dernières n'en apercevraient qu'une partie.

Il faut éviter d'être placé trop près du solide que l'on veut dessiner, par la raison qu'on ne le verrait pas entièrement d'une seule œillade; il ne faut pas non plus en être trop éloigné, car alors on n'en apercevrait plus les détails, ce qui serait un grand inconvénient.

Je crois que la distance convenable doit être égale à deux fois et demie ou trois fois la plus grande dimension du solide.

Pour copier un cube solide d'après nature.

Cette étude se fait sur le cube de ma collection de solides ou sur un que l'on a fait exécuter à cet effet. Afin de pouvoir reconnaître chacune des faces, je les ai représentées dans cet ouvrage en plaçant un numéro sur chacune; j'ai, en plus, placé des lettres pour désigner les lignes et points. Il est facile, par ce moyen, de retrouver les faces, lignes et points correspondant sur le cube-solide. Il en est de même pour les autres solides que nous devons étudier.

Fig. 9. Le cube doit être éloigné de l'œil, comme il vient d'être dit, d'une distance égale à deux fois et demie ou trois fois sa plus grande dimension. Pour condition essentielle, ce cube doit être placé sur une surface parfaitement horizontale; la face n° 1 doit être *vue de front*, et la face n° 2 se trouve en dessus. Ceci disposé, placer son œil juste en face du milieu de la surface de front (en face de la rencontre des diagonales) et de manière que le rayon central fasse angle droit avec elle; on ne doit par conséquent apercevoir que ce côté; copier alors le carré ou face de front du cube, comme il a été dit à la figure 8, en observant que les lignes A C, B D, sont verticales, et que les lignes A B, C D, sont horizontales; que, par conséquent, elles sont perpendiculaires l'une à l'autre. Il faut, autant que possible, donner à sa copie la dimension de la figure originale, sauf cependant la diminution apportée par la distance qui doit nécessairement faire apparaître les objets plus petits, à raison de leur éloignement.

Fig. 10. Il faut suivre avec soin les démonstrations de cette figure, car elles ont pour but de démontrer la variation apparente de grandeur que doivent avoir des lignes de même grandeur, lorsqu'elles sont plus ou moins éloignées de l'œil. Supposons l'œil placé au point S, et regardant les lignes C D, GH du rectangle C D H G; le rayon central fait angle droit avec les lignes C D, G H, et les divise en deux. Si des points C D, G H, extrémités de ces lignes, on mène des rayons à l'œil, on reconnaît que la ligne C D apparaît plus grande que la ligne G H; que cette dernière apparaît diminuée des grandeurs C G', H' D; donc, l'apparence de la ligne G H est représentée sur la ligne C D par la grandeur G'H'; donc, je conclus que, *de deux lignes égales, la plus éloignée apparaît la plus petite.*

Voici un autre raisonnement que l'on peut faire sur ce même sujet : la ligne D C apparaît à l'œil par les rayons visuels D S, C S, formant un angle D S C, dont l'œil est le sommet; la ligne H G apparaît à l'œil par les rayons H S, G S, formant un angle H S G; comme ce dernier angle est plus petit que celui D S C, la ligne H G doit apparaître plus petite que la ligne D C, et, ceci démontré, je reviens à la figure 9 et au cube solide.

Si l'on place son œil plus élevé que la hauteur du cube, on verra à la fois la face n° 1, qui est vue de front, et la face n° 2, qui est vue en fuite et placée horizontalement.

Il faut observer que l'œil doit être élevé verticalement de l'endroit ou point de distance où il était d'abord, que par conséquent il doit y avoir toujours la même distance entre lui et le cube. Étant ainsi placé, si l'on se sert de son porte-crayon comme à-plomb, on voit que les points H G apparaissent sur la ligne D C, en dedans des points D C, que par conséquent la ligne H G apparaît plus petite que la ligne D C, comme étant plus éloignée que cette dernière, ce qui se rapporte parfaitement à nos démonstrations de la figure 10. Reste à déterminer la direction des lignes D H, C G et la profondeur du carré ou face fuyante, ou, ce qui revient au même, l'écartement apparent des lignes D C, H G.

Si les lignes de même grandeur apparaissent de plus en plus petites à mesure qu'elles s'éloignent, *les angles de même grandeur, lorsqu'ils sont fuyants, apparaissent sous des ouvertures différentes, suivant leur position par rapport à l'œil.*

Dans le cube qui est placé devant nous, nous savons que la ligne fuyante D H fait en réalité angle droit avec la ligne D C, c'est-à-dire qu'elle lui est perpendiculaire. Cependant sa position la fait apparaître à l'œil comme si elle faisait angle aigu avec cette ligne ; effectivement, si l'on prolonge la ligne B D du cube, par le moyen de son porte-crayon faisant à-plomb, on voit que la ligne D H, au lieu d'apparaître en prolongement avec la ligne B D, se rapproche de la ligne D C; donc l'angle fuyant H D C apparaît sous l'ouverture d'un angle aigu, quoiqu'il soit en réalité un angle droit. La ligne C G se trouvant dans le même cas, offre la même apparence comme direction; il en résulte que les lignes D H, C G, qui dans le cube sont réellement parallèles, conservant toujours le même espace entre elles, comme l'on peut s'en convaincre, font, étant vues en fuite, l'effet de se rapprocher; et, étant prolongées suffisamment, de se réunir en un point. Je vais démontrer où doit se trouver ce point; pour cela j'ai recours aux figures 10 et 11.

J'ai démontré, par la figure 10, que de deux lignes égales, la plus éloignée apparaît la plus petite. Dans les figures 10 et 11, les lignes correspondantes ont juste la même grandeur, et sont placées de même par rapport au rayon central et à l'éloignement de l'œil, c'est-à-dire que le rayon central les coupe en deux parties égales, tout en faisant angle droit avec elles. La ligne D C est représentée par la ligne D' C', et l'apparence H' G' de la ligne H G par la grandeur H'' G''. La ligne H'' G'' étant plus petite que la ligne D' G', ses extrémités sont plus rapprochées du rayon central; il en résulte que si l'on menait les lignes D' H'', C' G'', elles représenteraient l'apparence des lignes D H, C G, qui sont en réalité parallèles au rayon central : cependant les lignes D' H'', C' G'', étant prolongées, se réuniraient en un point qui doit être sur le rayon central, parce que les lignes D' H'', C' G'', sont également espacées du rayon central. *Donc les lignes parallèles fuyantes et parallèles en réalité au rayon central font l'effet, en s'éloignant de l'œil, de se rapprocher du rayon central et de se réunir en un point qui serait placé sur ce rayon.*

Revenons à la figure 9 et au cube solide. Replaçons notre œil comme il était au-dessus et en face le milieu de la ligne D C; la face de front de ce cube apparaît de sa véritable grandeur et offre un carré parfait; mais la face fuyante apparaît vue en raccourci, par conséquent perdant beaucoup de sa véritable grandeur. Pour obtenir sa profondeur apparente, il faut mesurer la grandeur apparente de l'écartement des lignes D C, H G, et voir combien elle est comprise de fois dans la hauteur du carré ou face de front.

Remarque. Pour mesurer et obtenir à l'œil la proportion exacte de deux parties, c'est-à-dire le rapport de la grandeur apparente d'une partie fuyante avec une partie de face, on emploie son porte-crayon; pour cela on le tient verticalement et à bras tendu, comme il est représenté figure 11. Il faut observer qu'après avoir pris la plus petite grandeur qui doit être comprise entre la pointe du crayon et l'ongle du pouce, il faut baisser sa main verticalement, ayant soin qu'elle reste toujours à la même distance de l'œil; sans cette précaution on ne peut obtenir de rapport exact. On peut, pour être parfaitement sûr de ne pas éloigner ou rapprocher sa main, attacher un fil à son porte-crayon, et tenir l'autre bout entre ses dents, de manière que le fil soit tendu tout le temps que l'on mesure.

C'est toujours la plus petite grandeur qui doit être reportée sur la plus grande, afin de voir combien de fois juste, ou de fois et de fractions de fois elle y est comprise.

Principe. La différence d'éloignement du cube à l'œil apportera des proportions différentes entre la face de front et l'apparence de la face fuyante; car, plus le cube sera éloigné de l'œil, plus la face fuyante paraîtra étroite et sera comprise de fois dans la hauteur de la face de front.

Revenons à notre cube; d'après l'éloignement de notre œil au cube, la grandeur de l'écartement apparent des lignes D C, H G, est comprise presque quatre fois dans la hauteur de la face de front; donc, prenant le quart de la hauteur du carré de face de sa copie, on obtient la profondeur apparente du carré fuyant; on mène, par le point obtenu, une ligne horizontale qui est la ligne de profondeur du carré fuyant, et sur laquelle doivent se trouver les deux angles les plus éloignés de ce carré fuyant. Pour trouver l'apparence de ces deux angles, on se sert encore de son porte-crayon comme à-plomb, on le place en face du point H, et l'on trouve qu'il tombe à peu près en face du cinquième de la ligne D C; divisant sur sa copie cette ligne en cinq, et élevant de la première division correspondante une verticale, elle détermine l'apparence du point H à sa rencontre avec l'horizontale trouvée. Joindre les points D H par une ligne droite, qui est l'apparence de la ligne solide D H, obtenir de même le point G, et mener la ligne C G, ce qui termine l'apparence de la face fuyante ou carré vu en fuite.

Principe. Si l'on prolonge les côtés D H, C G, ils doivent se réunir au-dessus du milieu de la ligne D C, parce que l'œil était placé au-dessus et en face le milieu de cette ligne. Comme le point de rencontre doit être sur le rayon central, il est par conséquent à la hauteur de l'œil.

Plus l'œil sera élevé au-dessus de la face fuyante, plus elle lui apparaîtra développée, et par conséquent plus les lignes fuyantes D H, C G, seront longues, et plus l'angle qu'elles forment avec la ligne D C se rapprochera de l'angle droit; par la raison inverse, plus l'œil s'abaissera vers la face fuyante, plus celle-ci lui apparaîtra étroite et peu développée, et conséquemment plus les lignes D H, C G, seront courtes, et plus l'angle qu'elles forment avec la ligne D C s'éloignera de l'angle droit.

Pour trouver le milieu d'un carré fuyant.

Il faut mener les diagonales de même qu'à un carré vu géométralement.

TROISIÈME PLANCHE.

Étude du cube placé régulièrement, et de la direction de ses lignes fuyantes, par rapport à la position de l'œil.

FIG. 12. Nous avons, dans la figure 9, planche précédente,

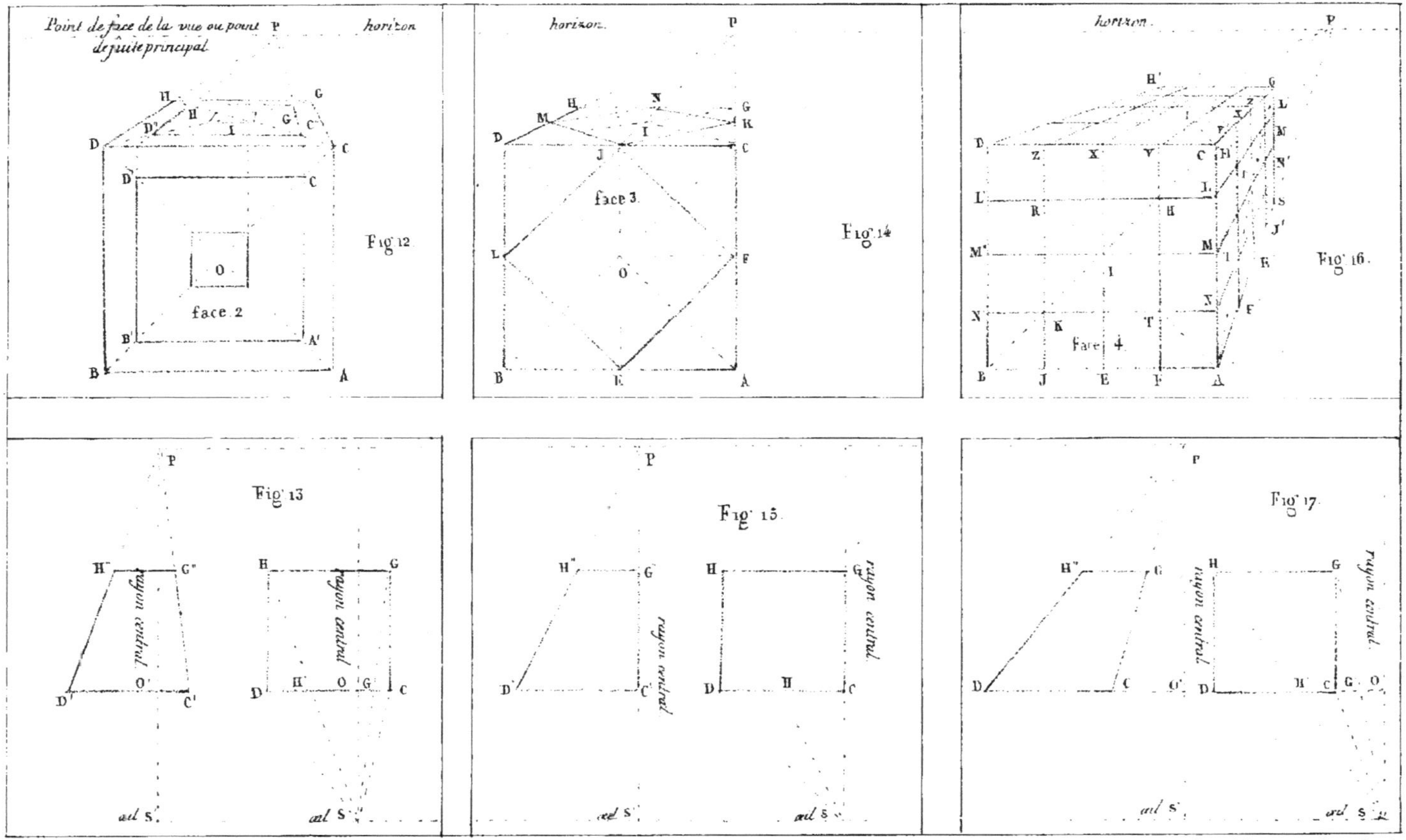

Point de face de la vue ou point de fuite principal

horizon

Fig. 12

face 2

Fig. 13

rayon central

œil S.

Fig. 14

face 3

Fig. 15

Fig. 16

face 4

Fig. 17

Thenot del. et lith.

Imp. de Lemercier, Benard et Cie

Étude du cube placé régulièrement et de la direction de ses lignes fuyantes par rapport à l'œil.

étudié le cube dans la plus simple de ses positions, l'œil étant placé plus haut et en face le milieu de la ligne horizontale D C, par conséquent les lignes fuyantes D H, C G, se rapprochant également du rayon central de l'œil, et apparaissent développées juste de même ; ceci rappelé, se replacer devant le cube comme il vient d'être dit, avec la seule différence qu'au lieu que l'œil soit juste en face le milieu de la ligne D C, il se trouve en face le quart de cette ligne. Dans ce cas, la ligne D H paraît plus développée que la ligne C G, parce qu'elle est plus éloignée du rayon central que cette dernière.

Si l'on examine la figure 13, qui représente géométralement le placement de cette figure, on voit que l'apparence H' du point H est plus éloignée du rayon central que l'apparence G' du point G, et que, par cette raison, la ligne D' H'' paraît plus penchée vers le rayon central que la ligne C' G''.

Pour trouver la figure 12, il faut opérer exactement comme l'on a fait pour la figure 9 ; les lignes D H, C G, devant de même se réunir à la hauteur de l'œil sur le rayon central. Je nomme ce point du concours *point de fuite principal. Toutes les lignes parallèles en réalité au rayon central doivent tendre à ce point.* Je le représente toujours par P.

Définition. Le point de fuite principal est situé sur le rayon central, à l'extrémité opposée à l'œil ; c'est, par conséquent, le point en face de la vue, puisque le point de vue est dans l'œil.

Fig. 14. Placer son œil juste en face de l'angle C, le laissant toujours à la même hauteur qu'il était dans les figures 9 et 12 ; alors les lignes A C, C G, paraîtront ne former qu'une ligne droite ; la ligne C G est vue tout-à-fait en raccourci.

Définition. La ligne d'horizon est une ligne horizontale, située à la hauteur de l'œil de l'élève.

Le point de fuite principal P détermine toujours la hauteur de l'horizon, puisqu'il est situé à la hauteur de l'œil, sur le rayon central.

La figure 15 est le géométral de la figure 14.

Fig. 16. Placer son œil encore plus à droite, de manière à apercevoir en même temps la face de front, la face fuyante du dessus, et une face verticale fuyante.

La figure 17 est le géométral de cette figure.

Remarque. Les figures 12, 14 et 16 doivent être étudiées avec autant de soin que la figure 9, après les avoir tracées d'après le cube, le point P étant placé à droite, il faut les refaire, plaçant le point P à gauche, etc.

Principe. Les lignes qui tendent au point de fuite principal P, font en réalité angle droit avec les lignes horizontales.

Définition. Un carré est *inscrit* dans un autre carré; 1° quand il est placé de manière qu'il y ait, entre les côtés correspondants de ces carrés, toujours le même espace, c'est-à-dire qu'ils soient parallèles l'un à l'autre; 2° lorsqu'il a le sommet de ces angles touchant le milieu des côtés du carré extérieur.

Un carré *circonscrit* est celui qui entoure un carré inscrit.

Pour inscrire un ou plusieurs carrés dans un carré donné, les côtés des carrés inscrits devant être parallèles à ceux du carré circonscrit.

Fig. 12. Placer devant soi le cube solide, de manière que la face n° 2 soit vue de front.

On voit que les angles des carrés inscrits A' B' D' C' s'arrêtent juste sur les diagonales du carré circonscrit, ou carré extérieur du cube.

Principe. Les angles d'un carré inscrit doivent s'arrêter sur les diagonales du carré circonscrit, toutes les fois que ces carrés devront avoir leurs côtés parallèles.

Après avoir étudié les carrés inscrits vus géométralement, ou vus de face, on place le cube de manière que la face n° 2 soit en dessus (toujours comme à la figure 12). Alors, quoique vus en fuite, le principe que je viens de donner n'en existe pas moins : la seule différence est que les côtés fuyants du carré inscrit, pour être parallèles à ceux du carré circonscrit, doivent tendre au même point de fuite.

Remarque. L'espace qui est entre les lignes H' G', H G, doit apparaître plus étroit que celui qui est entre les lignes D C, D'' C'', quoiqu'en réalité les espaces soient de même grandeur; parce que, *de deux espaces égaux, placés horizontalement à la même hauteur, et vus en fuite, le plus éloigné apparaît le plus étroit.*

Pour inscrire un carré dans un carré donné, les angles du carré inscrit devant être au milieu des côtés du carré circonscrit.

Fig. 14. Opérer sur la face n° 3 du cube, l'ayant placé, vue de front; mener ses diagonales, pour obtenir le milieu O, par ce point mener une verticale et une horizontale; ces lignes doivent déterminer le milieu des côtés du carré donné aux points J I E F, joindre ces points par des lignes droites, elles détermineront le carré inscrit.

Placer ensuite le cube de manière que la face n° 3 se trouve en fuite (de même qu'elle est représentée), et opérer comme pour la face vue de front; la seule différence se trouve dans la position des lignes qui déterminent les angles du carré inscrit, l'une est horizontale, et l'autre tend au point P.

Remarque. La grandeur fuyante J I, moitié réelle de la profondeur du carré, doit apparaître plus grande que la grandeur I N, autre moitié du carré, parce que la première de ces moitiés est plus près de nous que la seconde.

Pour déterminer un parquet de dalles carrées.

Fig. 16.

Remarque. Les grandeurs fuyantes A F', F'E', E' J', J' S apparaissent de plus en plus petites à mesure qu'elles s'éloignent de l'œil; il faut bien observer la différence qui existe entre chacune d'elles.

Dans cette planche, nous avons étudié le cube toujours de la même hauteur d'horizon, ou pour mieux dire, de manière que notre œil soit toujours à la même hauteur par rapport au cube; nous nous sommes placé progressivement de plus en plus de côté, afin de vous rendre compte de la variation d'inclinaison des lignes fuyantes, qui doivent se réunir au point de fuite principal P. On doit ensuite varier la hauteur de l'œil par rapport au placement du cube, d'abord l'abaisser de manière à ne plus voir la face fuyante du dessus, puis le placer juste à la hauteur de la ligne D C.

Un des meilleurs exercices à faire est celui des réductions

et augmentations; ainsi, sachant copier un cube de sa grandeur réelle, il faut ensuite le copier en beaucoup plus petit, le représentant comme proportion de ses faces entre elles, avec la plus rigoureuse exactitude. Cette étude doit être faite de diverses grandeurs; quand on saura réduire le cube, on le grandira, en le traçant de différentes grandeurs : cet exercice est plus difficile que de diminuer, car plus les lignes sont grandes et plus elles sont difficiles à tracer.

Il est bon de s'habituer à tracer géométralement sur une face de front les détails qui se trouvent sur une face fuyante; et perspectivement sur une face fuyante les détails d'une face de front.

On doit dessiner ensuite tous les objets qui ont rapport au cube.

QUATRIÈME PLANCHE.

Pour copier une table.

Fig. 17. La masse de cette table forme un cube, car elle est formée de carrés égaux en réalité : le dessus est un carré, la hauteur et la longueur des pieds forment un carré. Si l'on joint les quatre pieds par des lignes droites, ils forment un carré; eux-mêmes ont chacun pour base un carré.

Pour tracer cette table, il faut en déterminer d'abord la masse cubique, c'est-à-dire la grandeur des faces ABDC, DHGC, BDHS, puis le carré ABSL, qui est celui de la base de la table; mener les diagonales de ce dernier carré, elles servent à déterminer les carrés de base des pieds de cette table; de tous les angles visibles élever des verticales, etc.

Définition. La *base d'un solide* est la face sur laquelle il repose.

Pour copier une chaise.

Fig. 18. Cette chaise étant aussi formée de faces carrées, se détermine absolument comme la table.

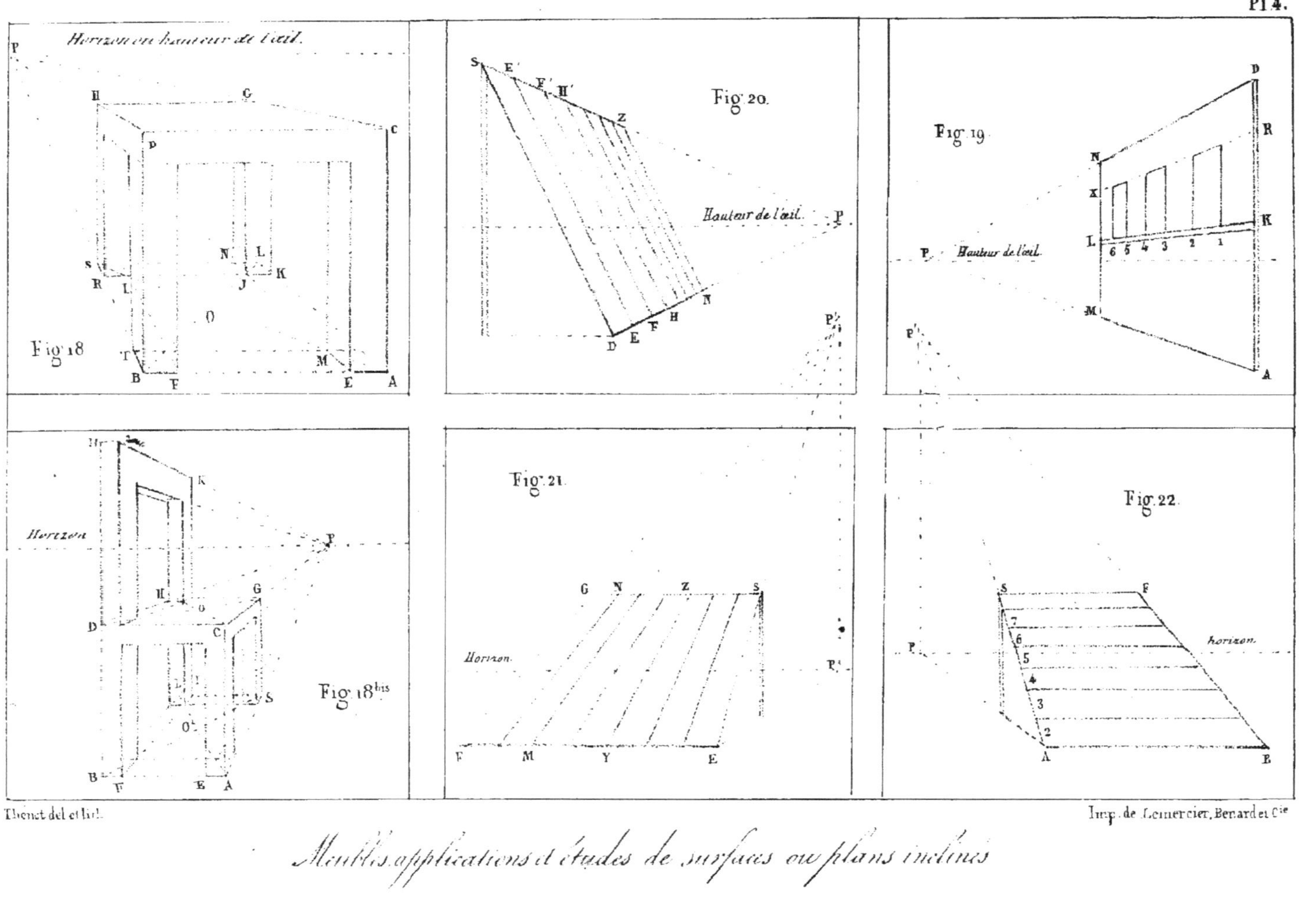

Thénot del. et lith.

Imp. de Lemercier, Benard et Cie

Meubles, applications et études de surfaces ou plans inclinés

Pour copier sur une surface fuyante des espaces égaux.

Fig. 19. Déterminer la profondeur de la surface fuyante par rapport à sa hauteur, ce qui s'obtient en comparant au moyen de son porte-crayon le rapport de ces deux dimensions. Nous trouvons que la profondeur égale deux tiers de sa hauteur ; les points M N se déterminent comme les points G H de la figure 9, avec la différence que pour les obtenir il faut tenir son porte-crayon horizontalement. Prolongeant les lignes A M, D N, on obtient par leur rencontre le point de fuite de la surface fuyante, et en même temps l'horizon. On trouve les points K R en comparant leur rapport avec la ligne A D ; ces points sont les extrémités de l'écartement qui doit contenir la hauteur des distances égales ; mener les lignes K L, R X, tendant au point de fuite P. Il ne s'agit plus que de déterminer à l'œil l'écartement et la largeur des espaces : ces distances étant égales à l'espace qui les sépare, il faut donc diviser en parties égales-perspectives la ligne fuyante K L qui leur sert de base. Or, pour diviser en parties égales une ligne fuyante, il faut observer la dégradation perspective qui fait que chacune de ces divisions devient de plus en plus petite à mesure qu'elle s'éloigne de l'œil. C'est en se rendant compte des diminutions que l'on finit par voir et représenter les surfaces fuyantes telles qu'elles doivent apparaître.

Remarque. La manière de mesurer avec son porte-crayon étant d'une utilité majeure, j'y reviens, quoique je l'aie déjà expliquée page 21. L'on prend la grandeur apparente de la profondeur, qui est la plus petite dimension, et on la reporte sur la ligne A D, à partir du point A ; l'on prend la portion excédante, et l'on mesure combien de fois elle serait comprise dans la longueur totale de la ligne A D. On trouve qu'elle le serait trois fois, et par conséquent deux fois dans la profondeur ; donc la profondeur est égale aux deux tiers de la hauteur, etc.

Avis. Pour étudier cette figure et les suivantes, il faut s'exercer sur un modèle solide que l'on peut confectionner soi-même au moyen d'un morceau de carton ou de planche rectangulaire, et sur lequel on trace des intervalles égaux.

Remarque. Pour établir un morceau de carton ou de planche parfaitement rectangulaire, c'est-à-dire ayant ses angles droits, on peut employer un équerre de papier. Voici comme se fait cet équerre : prenez une feuille de papier qui soit assez forte et pliez-la en deux, ce qui doit donner une règle très droite; repliez encore cette feuille de papier en deux, de manière que la partie déjà pliée se double et se recouvre parfaitement ; il en résultera un équerre qui par sa justesse peut servir à vérifier tous les angles droits.

Des plans inclinés.

Fig. 20. Placer le modèle de carton dans la position représentée; copier comme à la figure précédente le rapport de ces deux dimensions, hauteur et profondeur, puis la direction des lignes fuyantes SZ, DN; il ne s'agit plus que d'obtenir la représentation des intervalles égaux qui sont placés sur cette surface. Or les lignes DS, NZ, sont des lignes obliques vues géométralement; les lignes qui séparent les divisions sont parallèles géométrales à ses lignes; comme elles sont également espacées, mais vues en fuite, il faut diviser à l'œil la ligne fuyante DN, observant la diminution progressive que l'éloignement doit apporter à chacune des divisions. Ainsi la grandeur EF doit apparaître plus petite que la division DE, la division EH plus petite que EF, et ainsi de suite pour tout, etc.

Fig. 21. Ayant placé le solide modèle comme il est représenté incliné, vu en fuite, il faut déterminer sa profondeur par rapport à sa largeur : on trouve qu'elle est égale à une fois et demie la grandeur de la ligne EF; puis déterminer les points GS au moyen de son porte-crayon comme à-plomb, et comme il est expliqué à la figure 9, puis mener les lignes FG, ES, ce qui termine la surface.

Remarque. Il est rare que l'on trouve juste le même rapport de dimension dans la figure modèle que l'on copie, et dans celle représentée dans cet ouvrage; pour que cela ait lieu, il faudrait que l'on soit placé juste à la même distance que celle que j'ai choisie dans les exemples que je donne; mais le principal est que l'on obtienne ceux qui se présentent, etc.

Principe. Si la ligne EF est placée parfaitement horizontale, les lignes ES, FG, prolongées, doivent se réunir en un point qui est situé juste au-dessus de l'horizon; effectivement la surface FESG du toit est un rectangle vu en fuite; les lignes FE, GS, sont horizontales, et par conséquent parallèles géométrales; seulement la ligne GS apparaît la plus petite des deux comme étant la plus éloignée. Les lignes ES, FG, sont des parallèles fuyantes, et, comme telles, étant prolongées, elles doivent se réunir en un point; or, ce point de jonction doit être au-dessus du point P, parce que les lignes ES, FG, font angle droit avec des lignes horizontales.

Remarque. Supposons que la surface fuyante FESG est placée vue horizontalement, alors ses côtés ou lignes fuyantes ES, FG, doivent tendre au point P; mais si la ligne FE reste immobile, et que la ligne GS soit élevée de manière que la surface ne soit plus horizontale, il en résultera que les lignes fuyantes ES, FG, ne pourront plus tendre au point P, mais bien à un point qui devra être placé au-dessus de ce point.

Définition. Toutes les lignes parallèles fuyantes qui ne sont pas placées horizontalement, sont des *parallèles fuyantes inclinées.*

Toute surface plane qui n'est ni verticale ni horizontale, est une *surface fuyante inclinée.* Ces surfaces s'élèvent au-dessus de l'horizon, ou bien s'abaissent au-dessous; leur inclinaison peut varier entre la position verticale et la position horizontale. Plus l'angle qu'elles forment avec un plan horizontal s'approche de l'angle droit, plus leur point de fuite s'éloigne de l'horizon, plus cet angle est aigu, et plus leur point de fuite est près de l'horizon. Lorsque le point de fuite d'un plan incliné se trouve au-dessus de l'horizon, il se nomme *point sur-horizontal*, et lorsqu'il est au-dessous, *point sous-horizontal.* Ces principes et définition établis, revenons au tracé du toit.

Pour déterminer les lignes fuyantes qui séparent les espaces égaux, il faut diviser les lignes horizontales FE, GS, en même nombre de parties égales, et joindre les points correspondants; si ensuite l'on prolonge ces lignes, elles doivent toutes se réunir au point sur-horizontal P'.

Lorsque l'on dessine d'après nature une rue placée sur un terrain montant incliné, les lignes fuyantes de la base des édifices concourent au point de fuite sur-horizontal du terrain ou plan incliné, tandis que les lignes fuyantes des corniches, du haut et de la base des fenêtres, vont tendre au point de fuite principal, comme étant toujours placé horizontalement.

Fig. 22. La surface ABFS étant déterminée, s'occuper des lignes horizontales qui séparent les espaces égaux. Comme cette surface est fuyante et inclinée, ces espaces sont vus en fuite, c'est-à-dire diminuant de grandeur à mesure qu'ils s'éloignent de l'œil : il faut les copier avec la plus scrupuleuse exactitude.

Lorsqu'on est arrivé à ces figures, on doit pouvoir tracer tous les objets rectangulaires et meubles réguliers que l'on peut rencontrer, ayant soin de les placer de manière qu'ils soient vus régulièrement.

CINQUIÈME PLANCHE.

Le cube étant suffisamment étudié, vu régulièrement ou ayant une face placée vue de front, nous allons passer à l'étude de ce même solide, placé irrégulièrement ou vu accidentellement. Pour travailler avec fruit il faut se rendre compte, ce qui ne peut avoir lieu que lorsque l'on connaît parfaitement les diverses positions que peuvent avoir les corps et la direction des lignes qui les forment. Je vais à cet effet reprendre la théorie.

De la direction des lignes suivant la position des corps qu'elles forment, par rapport à l'œil du spectateur.

Fig. 23 et 24. J'ai représenté chaque ligne deux fois, d'abord en plan ou vue géométralement, puis en perspective ou suivant l'apparence que leur position apporte à la vue; chaque point est parfaitement correspondant dans les deux figures.

La ligne PS est le rayon central; DPD' la ligne d'horizon; P le point de fuite principal. La grandeur du rayon central S'P' représente la grandeur de la *distance principale*, et le

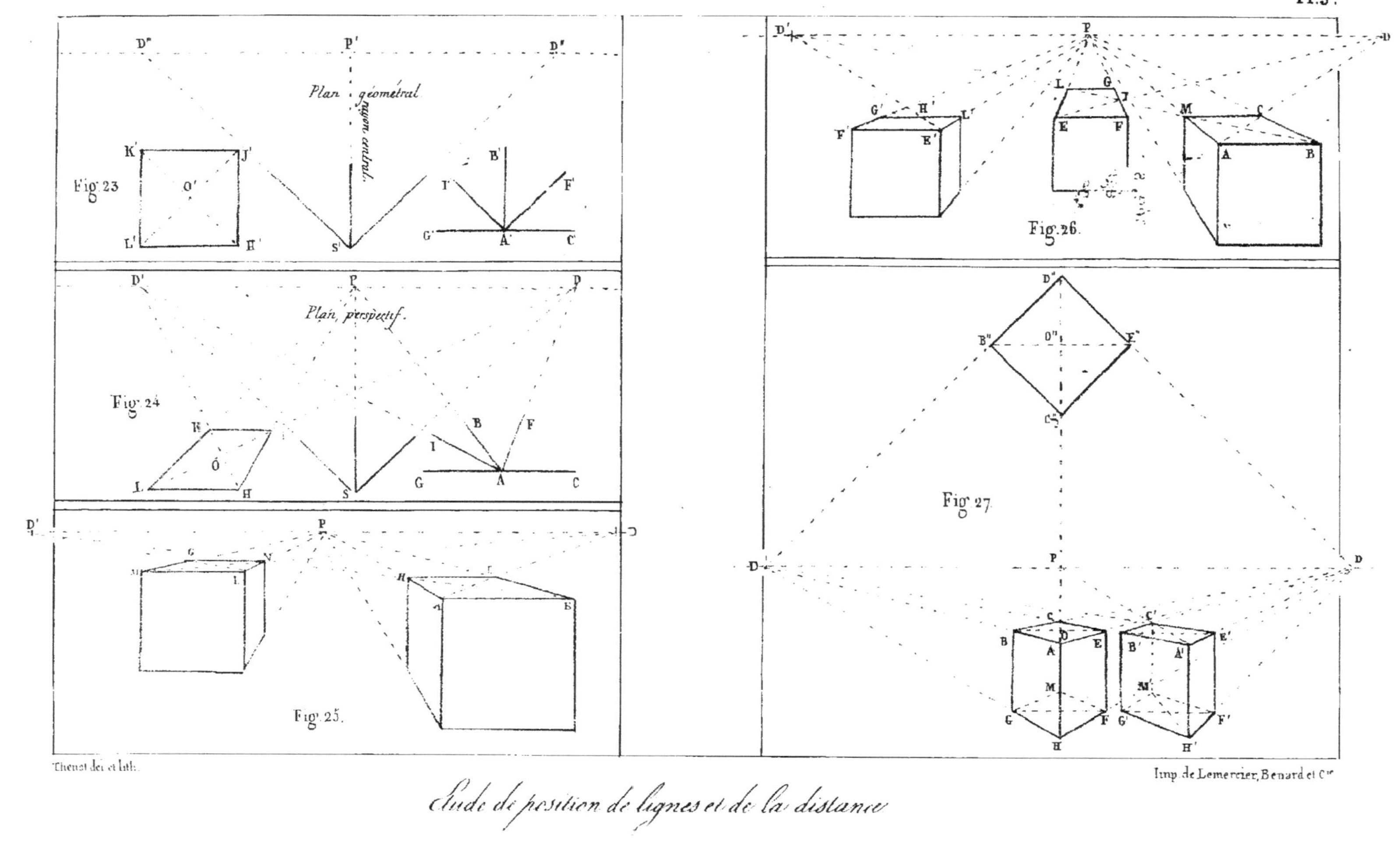

Thenot del. et lith.
Imp. de Lemercier, Benard et Cie

Étude de position de lignes et de la distance

point S' ou point de station du spectateur est le *point de distance.*

Si l'on reporte la grandeur de la distance P'S' du point P' aux points D'' D''', et que l'on joigne ces points au point S', il en résultera que les lignes D'' S', S'D''' formeront angles droits, et qu'elles seront chacune un rayon formant angle demi-droit avec le rayon central. Ceci posé, on voit que la distance se reporte sur l'horizon à droite et à gauche et à égaux écartements du point P.

Toutes les lignes parallèles au rayon central font l'effet de se réunir au point P, donc les lignes géométrales A'B', H'J', L'K', vont, en perspective, tendre au point P. Les lignes horizontales restent horizontales ; donc les lignes horizontales C' G', H'L', J'K', vues en perspective, restent horizontales. Ces principes ont été démontrés planche 2, fig. 9, 10 et 11.

Toutes les lignes parallèles au rayon S'D'', c'est-à-dire qui font angle demi-droit avec le rayon central et avec les lignes horizontales, font l'effet étant en perspective de se réunir au point D, ou point de distance reporté sur l'horizon ; donc les lignes géométrales A'F', L'J', sont représentées en perspective par les lignes A F, L J. Toutes celles qui sont parallèles au rayon S'D''' font de même angle demi-droit avec le rayon central et les lignes horizontales, et font l'effet de se réunir au point D', point de distance reporté sur l'horizon ; donc les lignes A I et H K sont des parallèles perspectives ; donc les diagonales d'un carré vues régulièrement vont tendre aux points de distance D D'.

Remarque. Pour diviser l'angle droit B A G en deux angles égaux, il faut mener une ligne au point D' ; pour diviser l'angle droit C A B en deux angles égaux, il faut mener une ligne au point D ; pour diviser l'angle droit F A I en deux angles égaux, il faut mener une ligne au point P.

Principes. Lorsqu'un carré est tracé, la distance est déterminée, et tous les autres objets ou carrés à déterminer doivent être subordonnés à cette distance.

Pour trouver la distance et s'en servir comme moyen de vérification.

Fig. 25. Après avoir placé à deux plans différents deux cubes, il faut les tracer le plus juste possible sans changer ni la hauteur de l'œil, ni sa position, ni la distance, ou pour mieux dire, il ne faut pas bouger de la place qu'on a choisie avant que le tout ne soit terminé. Étant satisfait, il faut chercher la grandeur de la distance, ce qui s'obtient en traçant et prolongeant les diagonales d'un carré jusqu'à l'horizon; les deux points de distance obtenus doivent être également éloignés du point P, et leur éloignement du point P est la grandeur de la distance.

Il faut remarquer qu'il est inutile de mener les deux diagonales, une seule suffit. Ainsi soient obtenus les deux cubes, je veux vérifier si la profondeur des carrés supérieurs est en rapport : je trace et prolonge la diagonale A C jusqu'à l'horizon, ce qui me donne le point D; de ce point, menant une ligne droite au point M, elle doit passer par le point N; sans cette condition, le carré EMGN serait défectueux. Si la ligne MD passait entre les points EN, la profondeur du carré ne serait pas assez grande; si cette ligne passait entre les points NP, la profondeur du carré serait trop grande. Lorsqu'on ne trouvera qu'une légère différence, l'on devra être satisfait.

Remarque. Dans la pratique, lorsque nous parlerons du point de distance, nous entendrons toujours les points D; ou distance, reportés sur l'horizon, nous les désignerons par D, D' D'', etc., etc.

Fig. 26. Après avoir obtenu les points de distance D, D', par la diagonale d'un carré fuyant ABCM d'un premier cube donné, il faut du point E', angle du second cube, mener une ligne au point D'; si cette ligne ne passe pas par le point G, mais qu'elle coupe le côté du fond G' L', la surface fuyante E' F' G' L' ne serait pas un carré, mais un rectangle moins profond que large. Comme ici la ligne E' D' passe par le milieu du côté L' G', l'on reconnaît que la profondeur est égale à la moitié de la largeur, c'est-à-dire que les côtés E' L', F' G' sont égaux à la moitié des lignes horizontales E' F', L' G'. —

Si la ligne E' D' passait par le tiers ou le quart de la ligne L' C', le rectangle aurait sa profondeur égale au tiers ou au quart de sa largeur, etc., etc. Si, au contraire, la ligne E D rencontrait comme au troisième cube la ligne fuyante F G, la profondeur serait plus grande que la largeur; si, menant du point de rencontre I une ligne au point D', cette ligne passait juste au point L, le rectangle aurait sa profondeur égale à deux fois sa largeur, c'est-à-dire que les côtés fuyants F G, E L, seraient deux fois aussi grands que les côtés horizontaux F E, G L, etc., etc.

DES CORPS VUS ACCIDENTELLEMENT.

Première position accidentelle. Les lignes fuyantes des faces fuyantes vont se réunir aux points de distance.

Fig. 27. Sur la table qui sert à poser les modèles-solides, tracer avec de la craie blanche une ligne droite : cette ligne doit être perpendiculaire à l'œil, c'est-à-dire former angle droit avec le côté le plus près de la table, et qui doit être horizontal; cette ligne tracée, placer le cube dessus de manière qu'il soit vu d'angle; il faut pour cela que deux de ces angles opposés soient parfaitement dessus, et, en plus, que la face n° 1 soit la plus élevée ou la face supérieure. La ligne H P représente la ligne blanche tracée sur la table, et les angles H M sont ceux qui posent dessus; ceci disposé, se placer devant la table de manière à être juste en face de l'arête H A de l'angle qui sépare les deux faces visibles, verticales et fuyantes; l'œil doit être plus élevé que le cube afin d'apercevoir la face supérieure, dont la diagonale fuyante A C doit apparaître en continuité ou en une seule et même ligne droite avec la ligne blanche tracée sur la table. Etant ainsi placé, déterminer la représentation du cube sur son papier; par les mêmes moyens manuels et par les mêmes raisonnements qu'à la figure 9, planche 2, se rendant compte par mesure de proportion prise avec son porte-crayon, de la grandeur apparente de la profondeur des faces fuyantes par rapport à la hauteur du cube, etc., etc.

Le cube représenté doit avoir une des diagonales de son carré supérieur, celle en fuite apparaissant en ligne verticale et tendant au point P; l'autre doit être parfaitement horizontale. Si, comme moyen de vérification, l'on prolonge les lignes fuyantes AE, HF, elles doivent se réunir au point D, et les lignes AB, HG au point D'; ces deux points de distance sont, sur l'horizon, à égal écartement du point P.

Démonstration. Elever une verticale du point P, la *verticale principale ;* reporter la distance sur cette ligne à partir du point P, ce qui donne le point D", que je nomme *point de distance sur-horizontal;* former un carré géométral D" B" C" E"; alors voici le raisonnement que l'on peut faire : le point D" représente comme position et dans un sens inverse le point A, et les lignes géométrales D" B", D" E", les lignes perspectives AB, AE; l'une et l'autre forment angle droit; la diagonale B" E" est horizontale, BE est horizontale, D" C" P est la représentation du rayon central et en même temps de la diagonale AC, qui va tendre au point P, etc., etc.

Ayant étudié le cube comme il vient d'être dit, on dérange le point P, ce qui a lieu en se plaçant plus d'un côté, et on représente le cube de nouveau ; la différence d'apparence se trouve alors dans le placement du point P, qui, au lieu de se trouver juste verticalement au-dessus du point A, est plus de côté ; mais le principe reste le même.

Remarque. Dans ce cas, voyez le second cube: la face A'B'G'H' apparaît plus développée que la face A'E'F'H', tandis que dans le premier cas elles étaient parfaitement égales et semblables.

J'ai indiqué la base du cube et les faces non visibles, comme si ce cube était de verre, et que par conséquent elles apparaissent, afin que l'élève se rende compte de la direction de toutes les lignes qui constituent ce solide.

Remarque. Afin de faire tenir les points de distance et les points accidentels dans mes planches, j'ai été obligé de les rapprocher plus qu'ils ne devraient l'être lorsqu'on dessine d'après nature; j'ai aussi été forcé de représenter les solides beaucoup plus en petit qu'il ne faut le faire. Mais l'élève doit

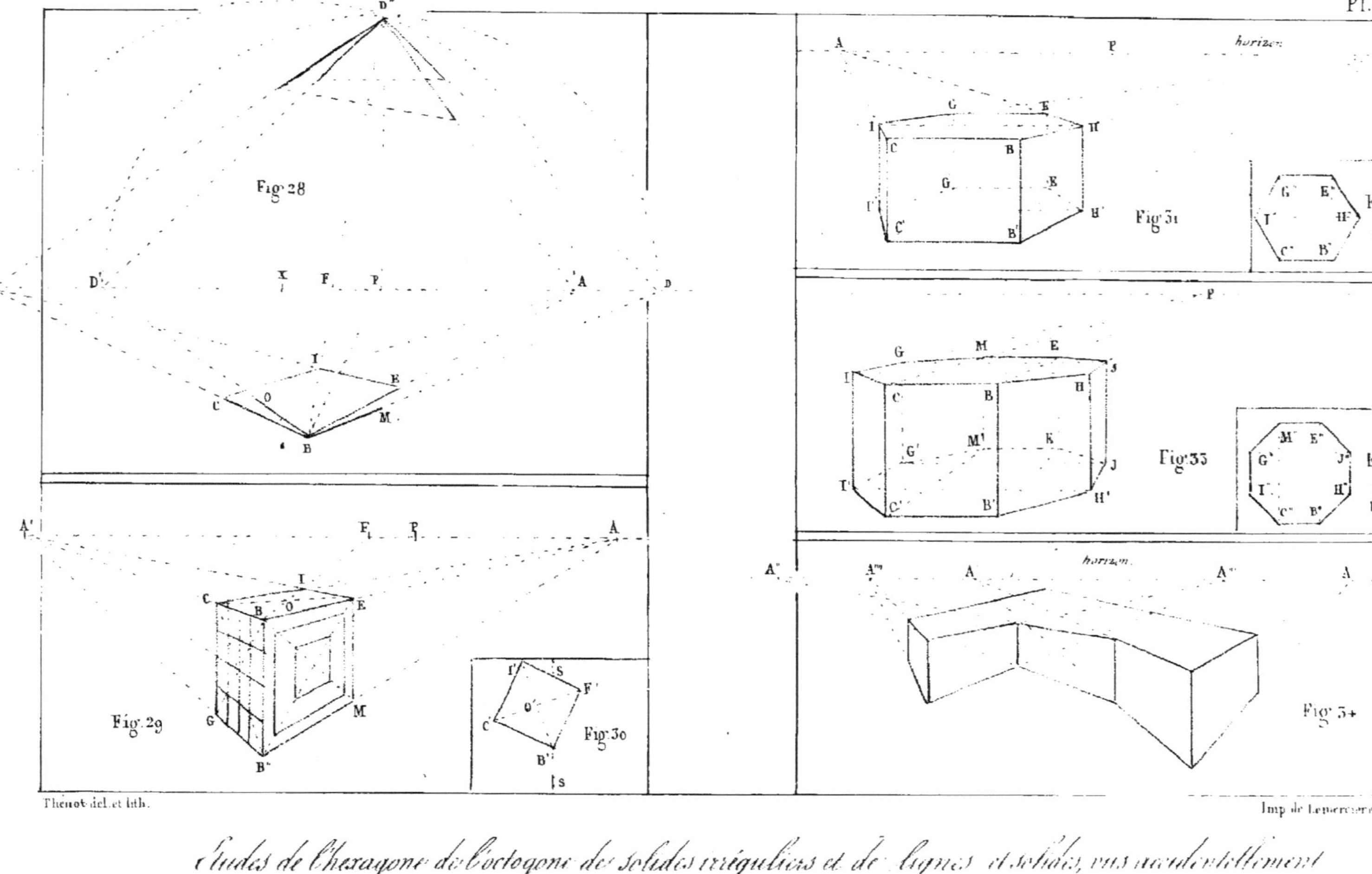

Thénot del. et lith.

Imp. de Lemercier et Cie

Études de l'hexagone, de l'octogone, des solides irréguliers et de lignes et solides, vus accidentellement

se souvenir qu'il doit les retracer de la grandeur qu'ils lui apparaissent, sauf à les étudier de nouveau en les augmentant ou les diminuant de grandeur.

SIXIÈME PLANCHE.

Seconde position accidentelle : les lignes fuyantes des faces-fuyantes vont se réunir aux points accidentels.

Définition. Les points *accidentels horizontaux* sont situés sur l'horizon, à toute autre place que le point P ou les points de distances.

Fig. 28. Établir l'horizon, le point de fuite principal P, les trois points de distance D D' D'', et former l'angle perspectif M B O et son géométral D D'' D'; la ligne B P divise l'angle perspectif en deux, et la ligne D'' P l'angle géométral.

Principe. Si du point D'' je mène une ligne à un point A sur l'horizon, et que de ce point A je mène une ligne au point B, la ligne D'' A sera le géométral de la ligne perspective B A. Supposons que les lignes D'' D, D B, soient effacées, l'angle A B D' ou E B O est un angle aigu de même grandeur que son géométral A D'' D'. Si l'on voulait mener une ligne perspective qui fasse en réalité angle droit avec la ligne perspective A B ou E B, il faudrait mener une ligne géométrale D'' A' perpendiculaire à la ligne A D'', ce qui donnerait à sa rencontre avec l'horizon le point A'; joignant ce point avec le point B, on aurait un angle droit perspectif A B A' dont A D'' A' serait le géométral; par conséquent, si l'on voulait diviser l'angle perspectif A B A' en deux angles égaux, il faudrait diviser en deux l'angle géométral A D'' A', ce qui donnerait la ligne D'' F. Joindre le point F au point B par une ligne droite qui diviserait l'angle A B A' en deux, etc.

Remarque. Plus le point de fuite A de la ligne accidentelle A B sera près le point de fuite principal P, plus le point de fuite A' de la ligne accidentelle A' B s'en éloignera ; il est bien entendu que cette disposition n'existe que lorsque ces deux lignes doivent former angle droit.

Pour tracer un cube placé accidentellement.

Fig. 29. *Seconde position.* Pour placer le cube solide, il faut, comme dans la planche précédente, se servir de la ligne blanche tracée sur la table. Le carré géométral B' C' I' E', fig. 30, qui est tracé à part, doit servir à indiquer la position du cube; la ligne S S' représente la ligne blanche ; il faut donc que le cube soit posé de manière à avoir son angle B'' posé sur cette ligne, et qu'en même temps son angle non visible se trouve placé tout-à-fait en dehors. Le cube fixé, on se place de manière à avoir son œil plus élevé que le solide, et qu'il soit en même temps perpendiculaire et juste en face de la ligne blanche, c'est-à-dire que le rayon central soit au-dessus et parallèle à cette ligne. On copie alors le cube comme il a été dit figure 27, planche 5, n'employant pour tout instrument que son porte-crayon. Pour vérifier si le tracé de ce cube est exact, il faut prolonger les lignes parallèles fuyantes jusqu'à ce qu'elles se rencontrent, et joindre leurs points de concours A A' par une ligne droite qui doit être parfaitement horizontale et être la représentation de la ligne d'horizon ; cette ligne doit donc être à la même hauteur, par rapport à la copie, que la ligne d'horizon est élevée par rapport au cube. Si l'on voulait vérifier le carré B C I E, voici ce qu'il faudrait faire : pour ne pas trop compliquer cette figure, je reprends la figure 28, et je suppose que je n'ai de déterminé que le carré B C I E, face supérieure du cube, les points de fuite A A' l'horizon et le point P, il faut chercher la distance ; pour cela, on divise en deux parties égales la grandeur A A', ce qui donne le point X; de ce point et d'un rayon égal à X A décrire un demi-cercle jusqu'à A' ; du point P élever une verticale jusqu'à la rencontre de ce demi-cercle, et l'on obtiendra le point de distance D''; joindre les points A D'' A' par des lignes droites et diviser l'angle droit qu'elles forment en deux, ce qui donne la ligne D'' F. Ceci obtenu, je reviens à la figure 29. Joindre le point F au point B par une ligne droite qui doit passer par le point I ; s'il est ainsi, le carré est parfait, mais sans obtenir une exactitude rigoureuse, lorsque l'opération est presque juste, on doit être satisfait.

L'on devra s'exercer à faire plusieurs études du cube vu accidentellement, et à tracer sur les faces, les détails qu'elles contiennent.

Étude d'un prisme formé de rectangles et ayant pour base un hexagone régulier.

Définition. Un *hexagone* est une surface terminée par six côtés. Si cette figure a tous ses côtés égaux, elle est *régulière*; si au contraire ses côtés sont de grandeurs différentes, c'est une *figure irrégulière*.

Je n'ai pas compris ce solide, de même que celui de huit côtés qui va suivre, dans le nombre de ceux qu'il est urgent de posséder, pensant qu'ils étaient trop simples de forme pour présenter de la difficulté, et que, du reste, la direction de leurs lignes, par rapport à leur position, rentre dans les principes que j'ai donnés. Cependant, les personnes qui pourront se les procurer devront le faire, soit en les achetant tout faits, soit en les confectionnant elles-mêmes avec du bois, du carton, etc.

Fig. 31. Pour cette figure et la suivante, je suppose qu'un modèle solide soit placé devant nous sur la table, et que nous ayons obtenu sa représentation sur le papier par les mêmes moyens employés jusqu'alors; je n'ai donc à indiquer, qu'à vérifier si le résultat est exact, ce qui se reconnaît en prolongeant les lignes parallèles-fuyantes jusqu'à ce qu'elles se rencontrent, ce qui doit avoir lieu à l'horizon. Comme position, ce solide doit avoir deux faces vues de front et quatre faces fuyantes; ces faces fuyantes sont parallèles de deux en deux, et leurs lignes fuyantes doivent tendre à deux points accidentels à l'horizon, et situés à droite et à gauche et à égale distance du point P. Je récapitule la direction des lignes qui forment cette figure; les lignes B C, B' C', E G, sont horizontales; les lignes B H, B' H', I G, tendent à un point accidentel A, et les lignes C I, C' I', H E, tendent à un autre point accidentel A'. Comme je viens de le dire, ces points doivent être également éloignés du point P. On doit se rendre compte de la position du solide par le géométral, figure 32, que j'ai placé auprès, les mêmes lettres correspondant aux mêmes points.

Étude d'un prisme régulier formé de rectangles et ayant pour base un octogone.

Définition. Un *octogone* est une surface terminée par huit côtés.

Fig. 33. Cette figure a, par sa position, deux côtés vus de front, deux qui concourent au point P, et quatre côtés qui concourent au point de distance; ainsi les lignes B C, B' C', E M, sont horizontales, les lignes J H, J' H', G I, concourent au point P; les lignes B H, B' H', G M, au point de distance à droite du point P, et les lignes C I, C' I', J E, au point de distance à gauche du point de fuite principal P.

Étude de figures irrégulières.

Fig. 34. Cette figure n'a aucune de ses faces parallèles, et toutes sont vues en fuite; il en résulte qu'elles ont chacune leur point de fuite; il y a donc autant de points de fuite que de face. Ces points sont accidentels; ils se déterminent par la rencontre des deux lignes fuyantes de la même surface. Comme le solide est compris entre deux surfaces parfaitement horizontales, les points de fuite doivent se trouver à l'horizon, etc.

Je crois avoir suffisamment développé les principes de la position des corps et de la direction des lignes qui les forment, et la variation d'apparence qu'éprouvent ces corps, leurs surfaces et leurs lignes, suivant le placement de l'œil et la grandeur de la distance. Je suis persuadé que toute personne qui m'aura suivi très exactement, ne passant d'une figure à une seconde figure qu'après avoir compris et bien exécuté la première, peut à présent représenter avec justesse, sans éprouver de difficultés, tous les corps formés de lignes droites qu'elle pourra rencontrer. Ayant terminé l'étude des lignes droites, je passe à celle des lignes courbes.

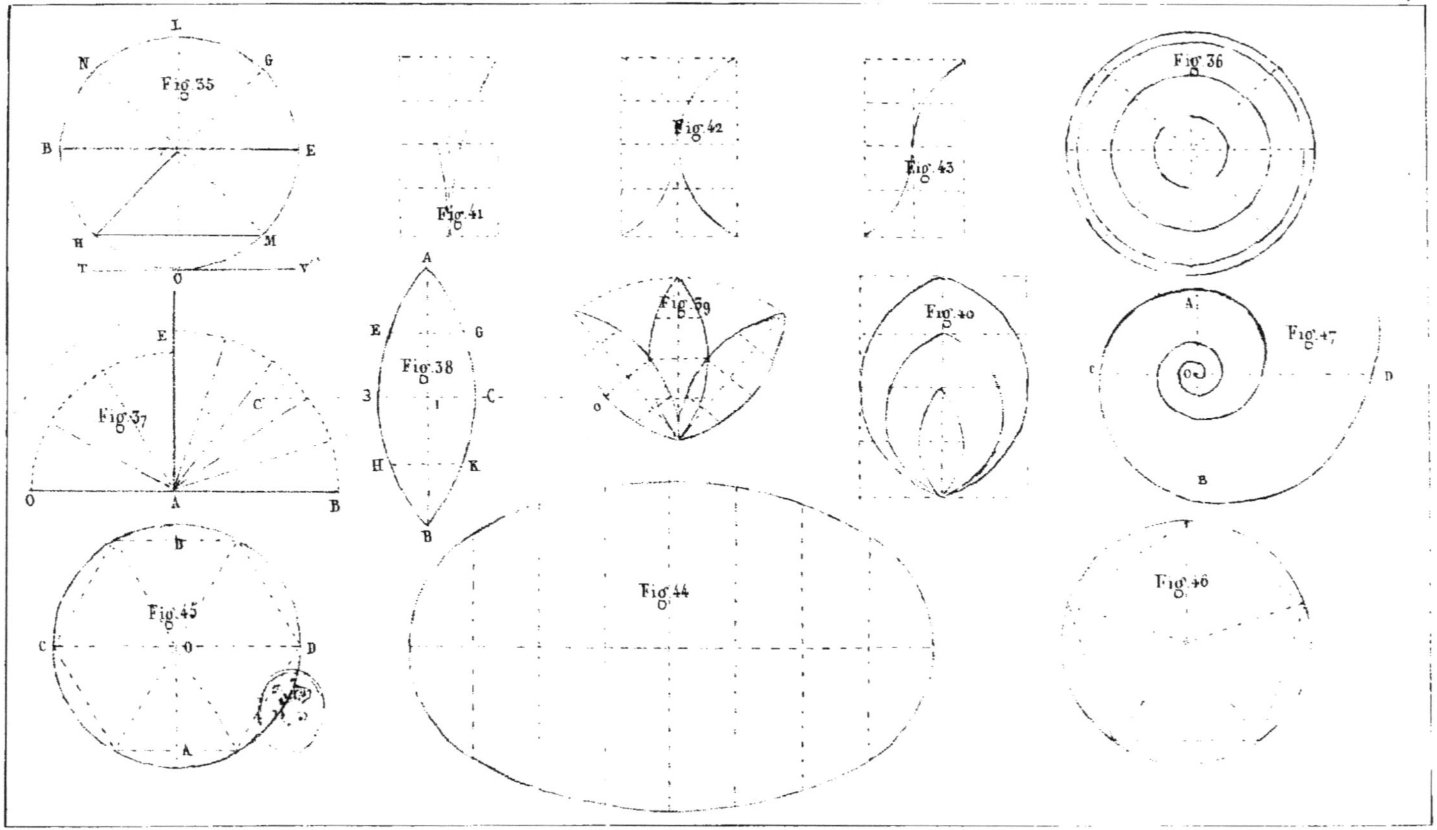

Pl. 7.

Fig. 35

Fig. 41

Fig. 42

Fig. 43

Fig. 36

Fig. 37

Fig. 38

Fig. 39

Fig. 40

Fig. 47

Fig. 45

Fig. 44

Fig. 46

Thenot del. et lith.

Imp. de Lemercier, Benard et Cie

Étude de cercles et de courbes vus géométralement

SEPTIÈME PLANCHE.

Du cercle.

Fig. 35. *Définition.* Le *cercle* est une surface terminée par une ligne courbe nommée circonférence du cercle.

La *circonférence du cercle* est une ligne courbe dont tous les points sont également distants d'un point intérieur qu'on nomme le *centre.*

Le *rayon* est une ligne droite menée du centre à la circonférence; donc les lignes C B, C H, C E, sont des rayons; tous les rayons d'un même cercle sont égaux.

Le *diamètre* est une ligne droite qui, passant par le centre, se termine à deux points opposés de la circonférence, telles que les lignes droites B E, H G, et toutes celles qui se croisent en passant par le centre. Tous les diamètres d'un même cercle sont égaux et doubles des rayons.

L'*arc de cercle* est une portion plus ou moins grande de la circonférence du cercle, telle que la partie marquée M O H.

La *corde* est la ligne droite qui joint les extrémités de l'arc; M H est une corde.

Tangente est une ligne droite qui ne peut toucher un cercle qu'en un seul point que l'on nomme *point de contact* : la ligne T V est une tangente, et O est le point de contact.

Les surfaces terminées par des lignes courbes se nomment *surfaces curvilignes.*

Pour décrire un cercle, un diamètre B E étant donné.

Fig. 35. Tracer un autre diamètre L O faisant angle droit avec celui donné, puis deux autres diamètres M N, H G, faisant angle demi-droit avec les deux premiers, et l'on obtiendra huit points également éloignés du centre; faire passer la circonférence par ces points.

Remarque. Pour plus de facilité, on peut rediviser chaque angle en deux ou même en quatre par de nouveaux diamètres, ce qui donnerait seize points pour tracer la circonférence.

Pour décrire plusieurs cercles ayant un centre commun.

Fig. 36. Comme à la figure précédente, tracer les diamètres; ils serviront à décrire tous les cercles.

Pour diviser un angle droit en trois ou en cinq angles égaux.

Fig. 37. Du sommet de l'angle comme centre, et d'un des côtés de l'angle à l'autre côté, décrire à vue d'œil un arc du cercle; diviser de même à l'œil cet arc de cercle en trois ou en cinq parties égales, et joindre les points de division avec le sommet de l'angle; ces lignes diviseront l'angle donné en angles égaux.

Pour tracer une figure formée par deux lignes courbes pareilles et de même grandeur.

Fig. 38. Tracer une ligne verticale AB, qui serait située au milieu de la figure et la diviser en deux parties égales, diviser cette verticale en quatre, et par les divisions mener des perpendiculaires à la verticale; elles détermineront les points E, G, 3, 6, H, K, servant à décrire les courbes.

Remarque. Ces lignes perpendiculaires l'une à l'autre sont des lignes d'opération; si elles n'étaient pas tracées sur le modèle, il faudrait se les figurer en imagination et les tracer sur son papier, afin d'obtenir avec plus de facilité la régularité voulue. Si les courbes à tracer étaient très longues, on pourrait employer une plus grande quantité de lignes perpendiculaires, par exemple, en placer le double ou le quadruple. Il faut aussi observer que si l'on ne place pas les perpendiculaires à égales distances l'une de l'autre, ce qui se fait quelquefois, elles doivent être disposées sur le papier comme sur la figure originale.

Autre remarque. Si la figure donnée n'était pas dans une position verticale, mais horizontale ou oblique, nécessairement la première ligne d'opérations, celle qui doit partager en deux la figure donnée, devrait suivre la pente de la figure;

les autres lignes d'opération doivent toujours être perpendiculaires à cette première, etc., etc.

Avis important. Pour étudier avec fruit il faut avoir, soit en papier épais, en carton mince ou en bois, la représentation géométrale des figures qui ne se trouvent pas dans ma collection de plâtre, et qui cependant servent d'exemple aux démonstrations de cet ouvrage. Ces figures géométrales se tracent facilement au moyen d'un compas; puis, étant découpées, on les place vues de front, ou ensuite de même qu'elles sont représentées dans diverses planches et suivant que le besoin le comporte.

Pour confectionner une figure géométrale devant servir de modèle solide.

Fig. 38. Il faut d'abord tracer cette figure avec un compas; pour cela on la divise en deux parties égales en menant la ligne AB, puis l'on mène par le milieu I de cette ligne une seconde CO qui lui soit perpendiculaire; cette figure étant régulière, on place une des pointes du compas sur la ligne CI, et on la rapproche ou on l'éloigne du point I jusqu'au moment où l'autre pointe du compas peut passer par les points A 6 B, alors on décrit cette courbe. Comme le point C a servi de point de centre, on reporte la grandeur IC de I en O, et le point O est le centre de la courbe A 3 B, etc. Cette figure déterminée, on trace dessus les lignes d'opérations EG et HK, puis on la découpe avec des ciseaux. Il faudra déterminer de même les figures 39, 40, 41, 42, 43, 44, puis les cercles figures 35, 36, 45, 46, et un demi-cercle figure 48, etc., etc., et tracer dessus leurs lignes d'opération. Lorsqu'on dessine d'après nature une figure régulière faisant partie d'un meuble ou d'un monument, on ne peut pas tracer dessus les lignes que je viens d'indiquer, il faut les disposer sur son papier et se les figurer sur l'original.

Les figures 39, 40, 41, 42, 43, 44, sont des applications de la figure 38.

Pour diviser la circonférence d'un cercle en parties égales, en quatre, huit, etc.

Fig. 35. Il faut tracer, comme sur la figure originale, deux diamètres se coupant à angles droits. Si l'on divise les quatre angles droits que forment les diamètres, chacun en deux angles égaux, la circonférence sera divisée en huit; redivisant chaque division en deux on obtiendra seize, puis trente-deux, soixante-quatre, etc., etc.

Pour diviser la circonférence d'un cercle en six, douze, dix-huit parties égales.

Fig. 45. Menant d'abord deux diamètres se coupant à angle droit, on obtient le centre du cercle O; la grandeur A O est un rayon du cercle. Or, le rayon d'un cercle est compris six fois dans la circonférence. Pour diviser la circonférence en *douze* il faut diviser en six, puis rediviser chaque division en deux; cette division conduit à vingt-quatre, quarante-huit, etc. Pour diviser la circonférence en *dix-huit* il faut diviser en six, puis rediviser chaque division en trois; cette division conduit à trente-six, soixante-douze, ou bien à cinquante-quatre, cent soixante-deux, etc.

Pour diviser la circonférence d'un cercle en cinq, dix ou quinze parties égales.

Fig. 46. Cette division est plus difficile que celles que nous venons de faire, car elle n'offre aucune opération qui puisse servir de guide; il faut donc qu'elle soit faite à vue d'œil, se servant de son porte-crayon pour mesurer comme moyen de vérification, mais l'on ne doit mesurer qu'après être satisfait du résultat. Pour diviser la circonférence en *dix*, il faut rediviser chaque division en deux, ce qui conduit en vingt, quarante, etc. Pour diviser la circonférence en *quinze* il faut diviser en cinq, et rediviser chaque division en trois, ce qui conduit à trente, soixante, ou bien à quarante-cinq, cent trente-cinq, etc.

Pl 8.

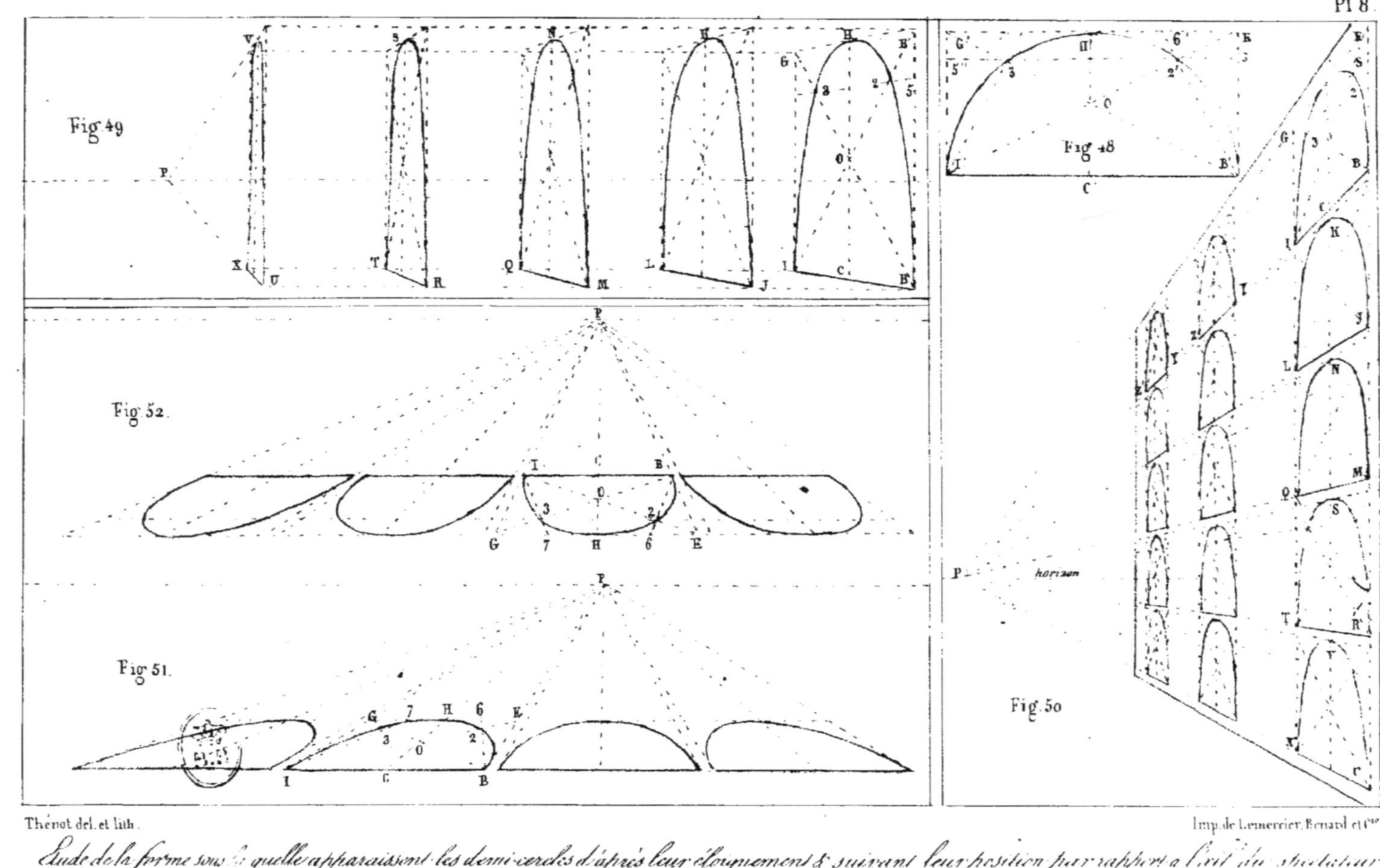

Thénot del. et lith.

Imp. de Lemercier, Bénard et Cie

Étude de la forme sous laquelle apparaissent les demi-cercles d'après leur éloignement & suivant leur position par rapport à l'œil du spectateur

Les divisions de sept, neuf, onze, treize, dix-sept, etc., se font de la même manière.

Celle de sept conduit à quatorze ou à vingt et un et leurs composés.

Celle de neuf conduit à vingt-sept, etc.

Tous ces exercices sont excellents à faire ; ils forment l'œil, et l'apprêtent à triompher de toutes les difficultés qu'il pourrait rencontrer.

Pour tracer une courbe en spirale.

Fig. 47. Il faut tracer deux lignes droites perpendiculaires l'une à l'autre ; autant que possible ces lignes doivent se rencontrer vers le centre de la figure ; elles serviront de guide en indiquant les endroits où l'on doit faire passer la courbe ; il ne s'agira plus que de copier exactement les points d'intersection, puis de conduire la courbe de manière qu'elle paraisse continuer sans former aucun angle.

HUITIÈME PLANCHE.

Étude de la Forme sous laquelle apparaissent les cercles et les demi-cercles, d'après leur éloignement et suivant leur position par rapport à l'œil du spectateur.

Les personnes qui n'ont pas étudié les lois de la perspective, c'est-à-dire les anamorphoses sous lesquels nous apparaissent les objets vus en fuite, se persuadent difficilement qu'un cercle vu en raccourci apparaît sous la forme allongée d'une ellipse ; que plus il sera éloigné de l'œil et plus il semblera étroit de profondeur; si bien que cette dimension apparaît pouvoir être contenue plusieurs fois dans la largeur ; qu'en plus, si ce cercle n'est pas situé juste en face la verticale principale, et qu'il soit très élevé au-dessus de l'horizon ou très bas au-dessous de l'horizon, sa forme ne paraîtra plus régulière, mais tout-à-fait déformée. Pour se convaincre de ces vérités, il faut se reporter à l'étude du carré et se rappeler qu'à mesure qu'un carré s'éloigne de l'œil, il apparaît de plus en plus étroit ; que plus il s'éloigne de l'horizon et de la verticale principale, et plus il semble perdre la régularité de sa forme, etc., etc.

Des demi-cercles fuyants placés verticalement.

Fig. 48. Un demi-cercle doit être contenu dans deux carrés placés près l'un de l'autre et se touchant immédiatement ; car, d'après la définition du cercle, un demi-cercle doit être deux fois aussi large que haut. J'ai remarqué que si l'on trace les diagonales I' E', B' G' du rectangle qui contient le demi-cercle, l'on obtient à leur rencontre O' un point qui se trouve juste au-dessus du centre C' du demi-cercle. Si de ce point O' on élève une verticale O' H', le point H' est le plus élevé du demi-cercle ; ensuite, si l'on joint par une ligne droite les points 2', 3', intersection des diagonales avec le demi-cercle, et que l'on prolonge cette ligne jusqu'à la rencontre des lignes B' E', I' G', elle les coupera juste à leur cinquième ; donc, figure 49, pour tracer perspectivement un demi-cercle vu en fuite, ou bien pour vérifier si un demi-cercle vu en fuite a été copié exactement, il faut mener les diagonales du rectangle, ce qui détermine le point H en élevant une verticale de leur rencontre ; puis il faut diviser la hauteur du demi-cercle en cinq parties égales, ce qui donne le point 5 ; de ce point mener une parallèle perspective à E G, et l'on obtient les points 2, 3, puis l'on fait passer la circonférence du demi-cercle par les points B 2 H 3 I. Tous les demi-cercles fuyants s'obtiennent de même.

Fig. 49. Soit cinq rectangles égaux devant contenir chacun un demi-cercle, ces rectangles sont fuyants et concourent au point P. En plus, ils sont placés à égale distance l'un de l'autre et sont compris entre des lignes horizontales. Celui de ces rectangles qui sera le plus près de la verticale qui passe par le point P apparaîtra le plus étroit, et celui qui en sera le plus éloigné apparaîtra le plus développé. Les demi-cercles compris dans ces rectangles doivent nécessairement subir la même loi perspective que ces rectangles.

De la diminution de profondeur je passe à l'étude de la différence de forme sous laquelle apparaît la circonférence d'un demi-cercle suivant sa hauteur par rapport à l'œil du spectateur; pour cela je prends la planche 11, figure 65. Soit S l'œil du spectateur, SS' le rayon central et la hauteur de l'horizon, les demi-cercles DAL, QNM et XVU placés verticalement au-dessous l'un de l'autre et servant de comparaison, etc.; le demi-cercle DAL apparaît le plus régulier, vu sa position par rapport à l'œil du spectateur; son diamètre DL se trouve situé juste à la hauteur de l'œil; par conséquent ses extrémités DL se confondent en un seul point, tandis que le diamètre QM du demi-cercle QNM, qui est plus élevé au-dessus de l'horizon, fait l'effet de s'abaisser en s'éloignant de l'œil; effectivement, le point Q apparaît plus haut que le point M. L'on peut se convaincre de cette vérité par la manière dont les rayons visuels qui partent de ces points coupent une ligne verticale H'K' située entre les demi-cercles et l'œil du spectateur; le point Q est représenté par le point Q', et le point M par le point M'. Or le point Q' apparaît sur cette verticale H'K', plus élevé que le point M; donc ce dernier apparaît à l'œil du spectateur plus bas; donc la ligne OM fait l'effet de s'abaisser. Le même raisonnement démontre que le diamètre XU du demi-cercle XVU apparaît dans une direction inverse comme étant situé au-dessous de l'horizon, c'est-à-dire que le point X semble plus bas que le point U, et par conséquent la ligne XU fait, en s'éloignant de l'œil, l'effet de monter à l'horizon. Ceci démontré, je passe à la différence de forme de la courbure de la circonférence.

Le point E est obtenu par un rayon visuel tangent au cercle; ce point apparaît à l'œil plus élevé qu'un point Z, pris à la même hauteur sur la circonférence du demi-cercle, et même apparaît plus élevé que le point A, sommet réel du demi-cercle; donc cette différence d'apparence d'élévation, même de point situé à la même hauteur et correspondant, doit faire apparaître irrégulièrement, toute déformée, la circonférence de ce demi-cercle. Si je passe à l'examen du demi-cercle QNM qui est plus élevé, je trouve le point H, point obtenu par un rayon visuel tangent à ce demi-cercle, apparaissant beaucoup plus haut que son correspondant Y et que le point N, point réellement plus élevé; or, comme la différence d'élévation de ces points apparaît plus grande qu'au demi-cercle DAL, la déformation agissant de même, il doit en résulter que le demi-cercle QNM apparaît plus déformé que le demi-cercle DAL, etc., etc. Ceci compris je retourne à la planche 8, et j'applique le raisonnement que je viens de faire à des demi-cercles vus en fuite et situés verticalement au-dessus l'un de l'autre.

Fig. 50. Le demi-cercle RST apparaît le plus régulier de forme, comme étant situé à la hauteur de l'œil ou de l'horizon, ce qui revient au même; le demi-cercle MNQ, qui est situé au-dessus, offre déjà une différence de forme dans sa courbe; elle semble s'élever en s'éloignant du point P, c'est-à-dire qu'elle apparaît plus élevée du côté du point J, point qui est le plus près de l'œil du spectateur que du point L, qui en est plus éloigné, cette apparence d'élévation dans la forme de la courbe est plus prononcée dans le demi-cercle JKL et beaucoup plus dans celui désigné par BHI. Remarquez que la courbe en s'éloignant du point P apparaît beaucoup plus élevée que le point H, qui est cependant le point supérieur du demi-cercle. Le demi-cercle UVX, qui est situé au-dessous de l'horizon, apparaît sous une forme inverse de ceux qui sont situés au-dessus de l'horizon; sa circonférence semble s'abaisser en s'éloignant de l'horizon, c'est-à-dire que la courbe paraît plus élevée du côté du point T que du côté du point R, qui est le plus proche de l'œil. Cette apparence est d'autant plus sensible que le demi-cercle sera plus éloigné de l'horizon et de la verticale principale; donc, *plus un demi-cercle fuyant placé verticalement s'éloignera de l'horizon et de la verticale principale, plus la forme sous laquelle il apparaît se déformera.*

J'ai placé des lignes d'opération à tous les demi-cercles de cette rangée verticale afin d'en préciser la forme. La seconde et la troisième rangée servent à faire voir que plus les demi-cercles s'éloignent de l'œil, plus leur profondeur apparaît étroite.

Remarque. Le demi-cercle fait de carton mince doit être dessiné dans toutes les positions que je viens d'indiquer et dans celles des figures 51 et 52.

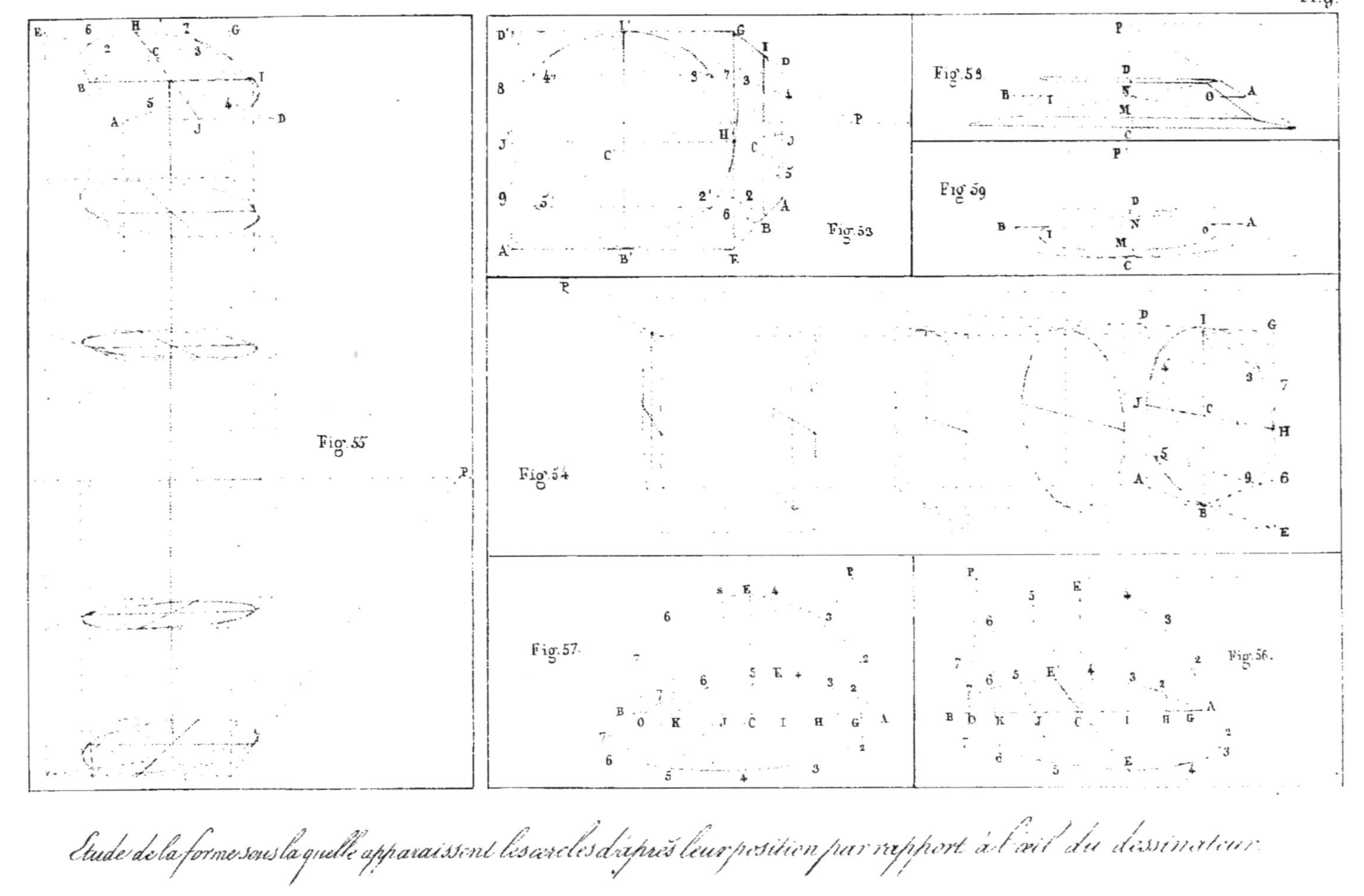

Étude de la forme sous laquelle apparaissent les cercles d'après leur position par rapport à l'œil du dessinateur.

Des demi-cercles fuyants placés horizontalement.

Fig. 51. Dans les figures précédentes, les demi-cercles sont placés verticalement, de manière que leur profondeur est le double de leur hauteur; mais dans cette figure et la suivante, les demi-cercles ont leur profondeur égale à la moitié de leur largeur; donc les deux carrés formant le rectangle qui doit contenir le demi-cercle se trouvent placés près l'un de l'autre au lieu d'être à la suite. L'opération servant à tracer le demi-cercle, ou bien servant à vérifier s'il est déterminé exactement, n'est pas la même que celle des demi-cercles placés verticalement; je vais la décrire perspectivement et géométralement; elle doit s'exécuter en même temps sur les figures 49, 51 et 52. Mener les diagonales B G, IE, elles donnent le centre O; de ce point mener une ligne au point P, elle donne H à sa rencontre avec la ligne E G; diviser G H et H E chacune en deux parties égales, ce qui donne les points 6, 7, par lesquels il faut mener les lignes 6B, 7 I, qui, à leur rencontre avec les diagonales du rectangle, font obtenir les points 2, 3; la circonférence du demi-cercle doit passer par les points B 2 H 3 I. J'ai placé quatre demi-cercles à côté l'un de l'autre et entre deux lignes horizontales pour faire voir qu'ils se déforment à mesure qu'ils s'éloignent de la verticale principale.

Fig. 52. Cette figure est absolument semblable à la précédente; la différence est dans le placement des demi-cercles.

Remarque. Dans les figures 51, 52, les demi-cercles en s'éloignant de la verticale semblent se pencher vers elle.

NEUVIÈME PLANCHE.

Étude du cercle vu en fuite.

Connaissant parfaitement le principe des formes différentes sous lesquelles apparaissent les demi-cercles d'après leur position par rapport à l'œil du spectateur, et après s'être exercé suffisamment au tracé de leur circonférence, on passera à l'étude du cercle sans devoir éprouver de difficulté, car le principe et le tracé sont absolument les mêmes pour les uns et les autres.

Fig. 53. Cette figure étant tracée sur une des faces du cube-solide, l'on devra employer ce solide pour l'étudier. D'abord tracer le carré de face, puis ses deux diamètres B' I', H J'; décrire le cercle à vue d'œil, et mener ensuite les lignes d'opération. Si le cercle a été tracé exactement, les intersections des lignes d'opération seront justes. Comme ce cercle est vu géométralement, on peut encore le vérifier par le moyen d'un compas.

Pour tracer ce cercle vu en fuite, l'on placera la face de cube vue en fuite, puis l'on copiera le carré fuyant le plus juste possible; l'on mènera les diamètres HJ, BI, par le point central C; les diagonales du carré servent à vérifier si le point C est à sa place; copier la circonférence du cercle en la faisant passer par les points B J I H, et observant la forme qu'elle doit avoir par rapport à son placement. Étant satisfait du résultat, vérifier par le moyen des lignes d'opération.

Étude du cercle vertical fuyant, suivant les différentes profondeurs sous lesquelles il apparaît, par rapport à son placement comme éloignement de la verticale principale.

Fig. 54. Les principes de cette figure sont absolument les mêmes que ceux de la figure 49. Il faut tracer sur la table servant à placer les modèles deux lignes horizontales espacées l'une de l'autre de la profondeur du cube solide; ces lignes doivent être coupées à angles droits par une troisième qui représente la projection ou plan du rayon principal; on place le cube entre les horizontales, de manière que le côté sur lequel est un cercle soit parallèle au rayon central, c'est-à-dire soit en fuite tendant au point P. Plaçant son œil en face la ligne qui représente la projection du rayon central, l'on dessinera le cercle aussi exactement que possible. L'on devra placer successivement le cube de manière à obtenir tous les cercles représentés dans cette figure.

Étude du cercle horizontal fuyant, suivant les différentes formes et profondeurs sous lesquelles il apparait, suivant son éloignement de l'horizon et de la verticale principale.

Fig. 55. L'on devra d'abord faire plusieurs études de cercles placés horizontalement d'après le cercle du cube solide, élevant plus ou moins son œil, afin de saisir toutes les différences de formes. Le cercle horizontal qui est en face l'horizon apparaît comme s'il était une ligne droite, car étant à cette place, on ne peut en voir ni le dessus, ni le dessous; tous les cercles horizontaux placés au-dessus de l'horizon sont vus en dessous, et ils apparaissent de plus en plus profonds à mesure qu'ils s'élèvent en s'éloignant de l'horizon; ceux qui sont placés au-dessous de l'horizon sont vus en dessus, et apparaissent de plus en plus développés à mesure qu'ils s'abaissent, qu'ils s'éloignent de l'horizon. Remarquez que ces cercles se déforment de plus en plus en s'éloignant de l'horizon, qu'ils semblent se pencher vers le point P.

Si l'on voulait étudier plusieurs cercles de même dimension et placés près l'un de l'autre, il serait bon de consulter la planche 11, fig. 65, et de faire pour ces cercles le même raisonnement que j'ai fait pour expliquer l'apparence de la forme des demi-cercles de la figure 50.

Pour diviser en parties égales la circonférence d'un cercle fuyant.

Fig. 56. Soit en seize le nombre auquel on veut diviser un cercle placé horizontalement. Il faut confectionner un cercle de papier ou de carton mince, et le diviser géométralement en seize parties égales; on place le cercle horizontalement devant soi, et on le copie ainsi que ses divisions. Pour vérifier si l'on a copié exactement, il faut mener sur son dessin le diamètre horizontal AB, le diviser en deux, ce qui donne le milieu C, ou centre du cercle; tracer le demi-cercle géométral AEB et le diviser en huit parties égales, comme ne représentant que la moitié du cercle; de chacune des divisions 2, 3, 4, E, 5, 6, 7, abaisser des verticales sur le diamètre AB, puis du point P, et par leur intersection au point G, H, I, C, J, K, O, conduire des lignes droites qui doivent passer par les points de division de la circonférence du cercle fuyant. Si on ne trouve qu'une petite erreur, l'on devra être satisfait.

La figure 57 se trace et se vérifie de même que la figure 56; la différence est dans le nombre des divisions, qui sont paires dans l'une et impaires dans l'autre.

Pour circonscrire un cercle à un cercle donné.

Fig. 58 et 59. Deux cercles inscrits l'un à l'autre et vus en fuite, suivent les mêmes lois de diminution apparente que deux carrés inscrits l'un à l'autre et de même vus en fuite; leur profondeur semblera de beaucoup plus petite que leur largeur; conséquemment l'intervalle qui règne entre les deux cercles apparaîtra plus développé de A en O et de I en B, extrémités de la largeur, que de C en M et de N en D, extrémités de la profondeur.

DIXIÈME PLANCHE.

Pour dessiner un cylindre.

Pour établir soi-même un cylindre, on peut le faire au moyen d'une bûche aussi ronde que possible, que l'on scie d'une grandeur convenable et à angle droit avec la surface courbe; étant ainsi déterminé, le recouvrir de papier blanc, que l'on colle dessus, puis tracer les cercles parallèles. On peut encore établir un cylindre d'une autre manière, qui consiste à déterminer, au moyen d'un compas, sur du carton mince, deux cercles de même grandeur, et qui doivent servir d'extrémité du cylindre; puis, roulant du carton mince autour de ces cercles, et le fixant au moyen de colle et de fil à coudre, on aura un solide assez régulier pour l'étude, etc.

Fig. 60. Après s'être placé devant le solide, comme il est indiqué par le point P, on le dessine le plus juste possible, observant scrupuleusement la forme des cercles de ses extrémités, puis placer les verticales A A', B B', H H', E E', G G', et les

Pl. 10.

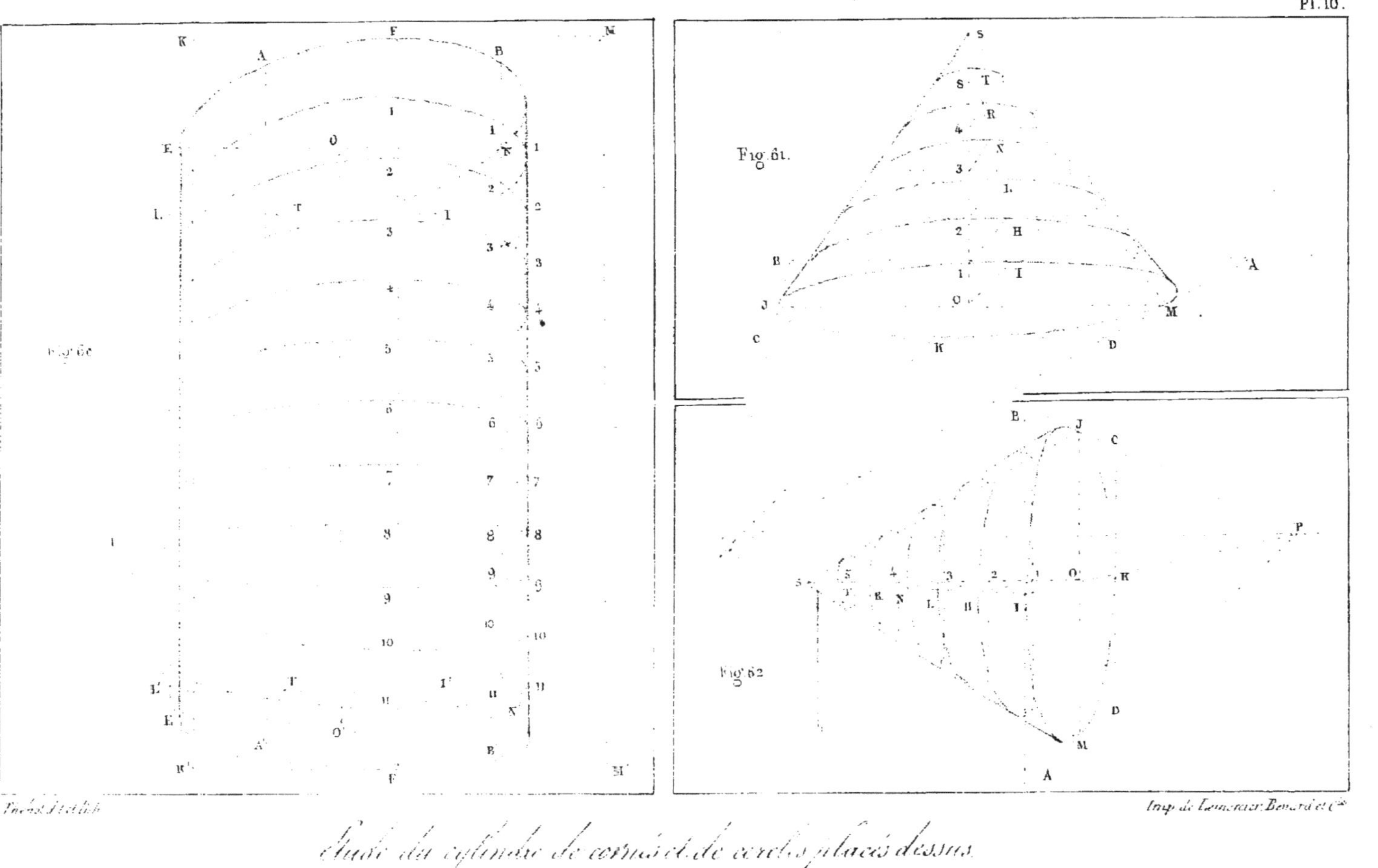

Imp. de Lemercier, Benard et Cie

Étude du cylindre de cornet et de cercles placés dessus.

diviser chacune en douze parties égales, de même que se trouve divisée la hauteur du cylindre ; les points de division servent à faire passer les cercles intermédiaires. Nous savons que ces cercles apparaissent de moins en moins développés à mesure qu'ils s'approchent de l'horizon, et que si l'un d'eux était juste en face de l'horizon, il apparaîtrait sous la forme d'une ligne droite.

Pour vérifier si les courbes des extrémités ont été tracées convenablement, il faut les inscrire chacune dans un carré, commençant par celle du bas; pour cela, du point F', base de la verticale FF', mener une ligne horizontale indéfinie, puis du point P et par le point E' tracer une ligne droite tangente au cylindre qui donne le point K'; prendre la grandeur F'K' et la reporter de F' en M'; des points M'F' mener des lignes au point P, et de E' une horizontale, ce qui donne les points N' O' et détermine la moitié du carré fuyant. Pour obtenir l'autre moitié, du point K' et par le point O' faire passer une ligne droite qui détermine le point I', de ce point mener une horizontale, et l'on a le point L', ce qui termine le carré du cercle de la base, dans lequel carré on peut continuer à tracer le cercle dans sa partie non visible; des points M'K'L'I' élever des verticales indéfinies, mener une horizontale du point F, elle détermine les points MK; du point K mener une ligne au point P, elle doit passer par le point E et déterminer le point L; du point E, mener une horizontale EN. Le cercle supérieur doit être contenu dans le carré fuyant MKLI, qui est de la même dimension que celui de la base, sans cela ce cercle ne serait pas de même grandeur, ou, pour mieux m'exprimer, de même forme que ce cercle de base.

Remarque. N'importe comment est placé le point de fuite principal, l'on ne peut jamais voir à la fois les deux extrémités du diamètre horizontal des cercles d'un cylindre; car si le point P se trouve placé en dehors du solide, il n'y aura qu'une extrémité de ce diamètre de visible, celui qui se trouve du côté du point P, tandis que du côté opposé une portion G de la courbe avance toujours plus que l'extrémité du diamètre, et nécessairement le cache. Lorsque le point P se trouve placé en face la tour, vers son milieu, les deux extrémités du diamètre horizontal sont entièrement masquées. L'on peut se rendre compte de cet effet en consultant la planche 11 dans les figures 63 et 64. Le point P se trouve en face le milieu du cercle ou plan de la tour, les rayons visuels partant de l'œil sont tangents au cercle et au point I J, ce qui empêche ces rayons d'atteindre le diamètre A B ; donc une portion de la circonférence du cercle, portion comprise entre l'œil et le diamètre horizontal, doit apparaître plus large que le diamètre, qui est cependant la plus grande dimension du cercle, et le cacher entièrement; cet effet est d'autant plus prononcé que l'œil du spectateur est plus près du cercle. Ainsi, à la figure 64, l'œil ou la distance étant plus près du cercle qu'à la figure 63, les points IJ se trouvent placés plus en avant, et cachent une plus grande partie du cercle; dans ces deux exemples, l'œil, et par conséquent le point P, se trouvent en face le milieu du cercle, ce qui le fait apparaître assez régulier; mais si le point P se trouve en dehors de la tour, il faut étudier les parties visibles et non visibles de la surface de ce solide et se rendre compte par la figure 65.

Pour récapituler, je dirai que lorsque le point P se trouve en face d'un cylindre, l'on ne pourra apercevoir les extrémités du diamètre horizontal de ces cercles horizontaux; mais que si le point P se trouve placé en dehors le solide, l'on apercevra une extrémité du diamètre des cercles horizontaux, du côté du point P, l'autre extrémité étant cachée par une portion de la circonférence du cercle, à moins que la tour ne soit transparente et laisse voir au travers sa surface.

Pour dessiner un cône.

Fig. 61. Je suppose dans cette figure que le cône est suspendu par un fil et qu'il est plus élevé que l'œil, ce qui permet de voir le dessous; il faut tracer le cercle de base le plus juste possible, puis inscrire le cercle extérieur dans un carré ABCD; du point O, centre, mener deux diamètres se coupant à angles droits, ce qui donne les points I, J, K, M; copier la hauteur du cône, le point du sommet S doit se trouver verticalement au-dessus du point O; copier les cinq cercles qui sont tracés dans la hauteur du cône; ces cercles étant placés à égale distance l'un de l'autre doivent apparaître se rappro-

Pl. 11.

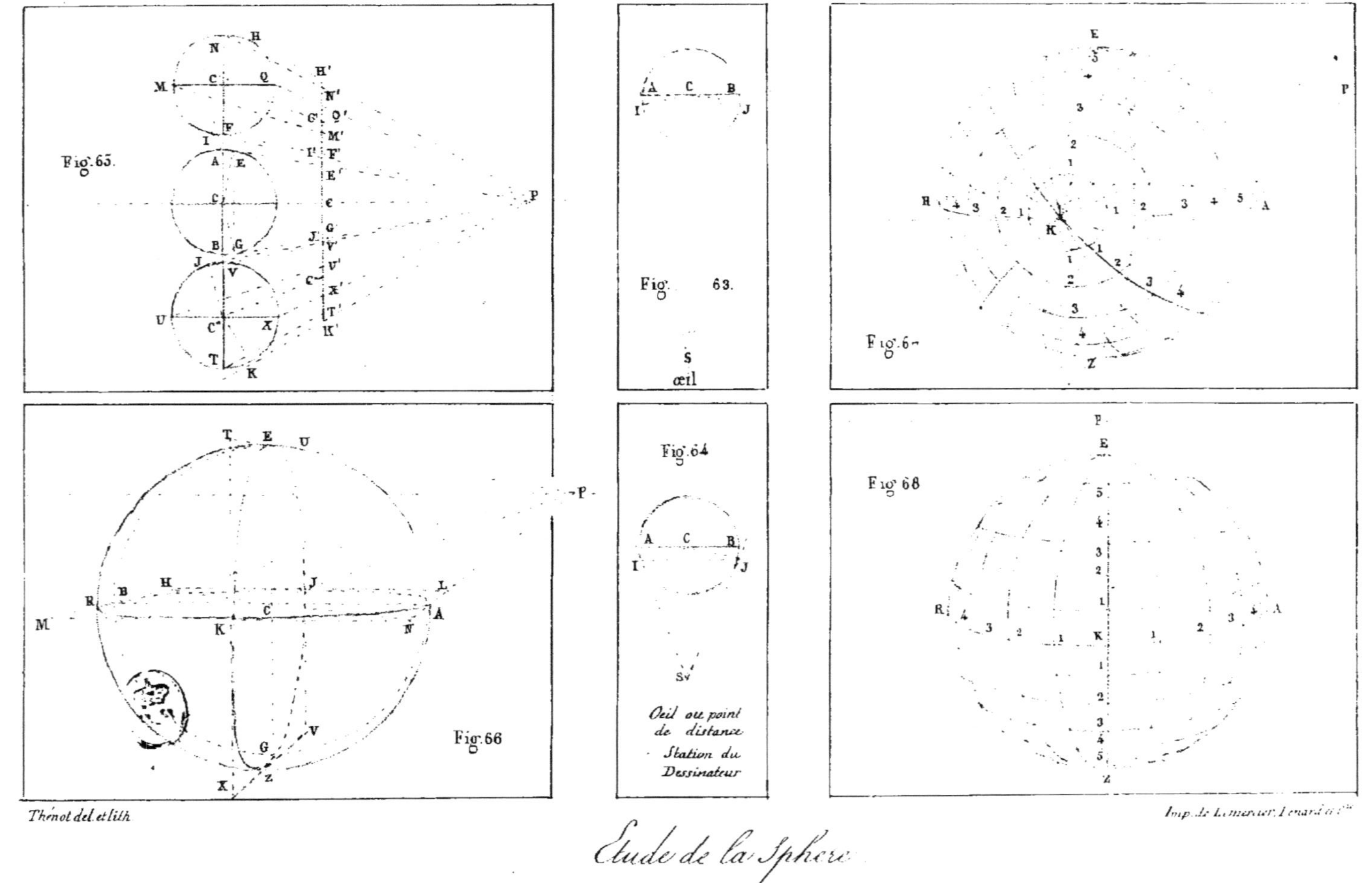

Thénot del. et lith.

Imp. de Lemercier, Benard et Cie

Etude de la Sphère

cher à mesure qu'ils s'éloignent de l'œil, c'est-à-dire se rapprochent du sommet du cône. Pour vérifier s'ils ont été représentés avec exactitude, il faut joindre les points IS par une ligne droite, puis des points H, L, N, R, T, intersection de ces lignes et des cercles, mener des lignes au point P; ces lignes doivent diviser la verticale O S en six parties égales.

Pour vérifier le tracé d'un cône couché horizontalement, et dont les cercles sont verticaux.

Fig. 62. Placer le cône solide dans la position de cette figure, le dessiner le plus juste possible, puis vérifier le résultat par la même opération que celle employée à la figure précédente. J'ai placé les mêmes lettres au même point correspondant.

ONZIÈME PLANCHE.

Étude de la sphère.

La *sphère* est un solide terminé par une surface courbe, et dont tous les points de cette surface sont également éloignés du point intérieur qu'on nomme le *centre*. Tous les *rayons d'une sphère* ou ligne droite menés du centre à la surface sont de même grandeur, ainsi que les *diamètres* ou *axes de sphère,* qui sont le double des rayons.

Toute section ou coupe de la sphère faite par un plan est un cercle. On nomme *grand cercle* la section qui passe par le centre de la sphère; *petit cercle* celle qui n'y passe pas; un *plan* est *tangent* à la sphère lorsqu'il n'a qu'un point commun avec sa surface.

La sphère suit les mêmes lois de déformation apparente que le cercle, le cylindre, etc. Si le point principal est placé en face le centre de la sphère, elle paraîtra parfaitement ronde; mais s'il se trouve hors de la sphère, elle apparaîtra sous une forme allongée dans la dimension qui se dirigera vers le point P. Les extrémités du diamètre horizontal et du diamètre vertical se trouvent, de même qu'à la tour ronde, cachés par une portion de la surface de la sphère, etc. Afin que l'élève puisse se rendre parfaitement compte de la forme apparente du contour de la sphère, on doit, avant de le faire dessiner d'après la sphère solide, lui en faire tracer plusieurs sans le solide, mais d'après les règles et opérations de la perspective.

Pour décrire une sphère, la coupe géométrale et le point P étant donnés.

Fig. 66. Soit le cercle A G B E ou coupe géométrale de la sphère ; ce cercle doit être situé juste au milieu de la sphère, par conséquent la diviser en deux. C est le centre, A B le diamètre horizontal, et E G le diamètre vertical. Pour décrire les cercles, afin d'obtenir les points par où doit passer le contour extérieur de la sphère, il faut obtenir des carrés ; le diamètre horizontal et le vertical doivent servir chacun à déterminer ces carrés, et ils doivent en plus se trouver au milieu de ces carrés et les diviser chacun en deux rectangles égaux. Je vais commencer par le carré horizontal, opérant sur la ligne A B ; il faut obtenir une grandeur fuyante C K égale à C B ; pour cela, du point P et par les points A C B faire passer des lignes indéfinies. Comme il n'y a pas de distance de déterminée, et que l'élève doit être suffisamment exercé à obtenir des grandeurs fuyantes égales à une grandeur donnée vue de front, il faut prendre à volonté le point K, en supposant K C égale à C B ; par ce point K mener une horizontale N K M, et la moitié du carré est déterminée. Pour déterminer l'autre moitié du carré qui se trouve au-delà du diamètre A B, il suffit de mener une ligne droite du point N et par le centre C, et de la prolonger jusqu'à la rencontre de B P, ce qui donne le point H ; de ce point menant une horizontale, on obtient L, qui termine le carré N M H L ; tracer un cercle dans ce carré, il doit dépasser l'extrémité B du diamètre ; donc, comme à la tour ronde, c'est par un point qui cache l'extrémité du diamètre que doit passer le contour extérieur et visible de la sphère, donc la largeur du solide apparaît plus développée de toute la grandeur B R ; voici pour une dimension, passons à l'autre, celle de hauteur. Le carré vertical devant contenir un cercle de la sphère est facile à déterminer ; il suffit de faire passer des verticales par les points KJ, et des lignes fuyantes du point P, et par les points EG ; le carré TUVX obtenu, tracer le cercle; sa circonférence dépasse l'extrémité du diamètre EG d'une grandeur GZ, et le contour extérieur et apparent de la sphère doit passer par le point Z. Tracer le contour apparent de la sphère, le faisant passer par les points UERZY; donc la sphère apparaît sous une forme elliptique. L'élève devra continuer de tracer des sphères par les opérations perspectives, plaçant le point P dans des situations opposées, au-dessus, au-dessous du côté de la sphère, etc.; il devra de même changer la distance, c'est-à-dire éloigner et rapprocher le point K du point C. Ces exercices terminés, on le placera devant la sphère solide pour la lui faire dessiner à vue d'œil dans toutes les positions qu'il aura étudiées. Ce travail ne devra plus lui offrir de difficulté quant à la masse ou reproduction du contour apparent; il ne devra attaquer les détails et circonférence de cercles tracés sur la surface de la sphère qu'en dernier lieu, car cette partie semble présenter quelques embarras; cependant, comme tout ce qui a été fait jusqu'alors elle se réduit à dégrader perspectivement, et à saisir la forme apparente de ces détails et circonféreuces, suivant leur position par rapport à l'œil et à la rondeur de la sphère.

Pour déterminer la circonférence des grands et petits cercles qui sont tracés sur la surface de la sphère.

Fig. 67. Après avoir obtenu à vue d'œil le contour extérieur de la sphère suivant son apparence perspective, il faut s'occuper des détails ou circonférence des grands et petits cercles qui sont tracés dessus, commençant par ceux qui sont placés verticalement et de face, leur position régulière devant aider au tracé de toutes les autres circonférences ; pour cela, déterminer les circonférences AKR, EKZ, l'une est horizontale et l'autre verticale, puis les diviser en parties égales perspectives, suivant le nombre de circonférences qui doivent les traverser, ce qui donne les points 1, 2, 3, 4, 5 ; par ces points faire passer les circonférences verticales des petits cercles vus de face. Ces circonférences doivent être divisées chacune en vingt-quatre, afin de servir à tracer les circonférences des grands cercles qui terminent cette figure.

Remarque. Nous savons que des divisions égales, ou de même grandeur, placées sur une ligne droite fuyante, apparaissent de plus en plus étroites à mesure qu'elles s'éloignent de l'œil; sur la circonférence d'un cercle fuyant, cet effet est encore plus sensible, car il est produit par deux causes : par la ligne courbe vue en fuite et par la conrbe de la ligne, qui fait que les détails placés aux extrémités de sa plus grande dimension se rapprochent tout-à-coup extraordinairement. Il est donc urgent de bien méditer l'effet qui résulte de ce rapprochement précipité, afin de le représenter fidèlement à l'occasion.

Fig. 68. Cette figure offre la sphère présentant la circonférence des grands et petits cercles qui sont tracés dessus dans une position tout-à-fait différente de la figure précédente. Les circonférences, qui alors étaient verticalement et vues de front, sont ici horizontalement et vues en fuite. La méthode à employer pour déterminer toutes ces circonférences de cercles doit être toujours absolument la même, etc., etc.

Toute personne qui aura étudié consciencieusement comme raisonnement et pratique tout ce que j'ai jusqu'ici renfermé dans cet ouvrage, doit être en état de reproduire la ressemblance parfaite, quels que soient la forme, les détails et la position de n'importe quel corps solide qui lui sera offert. Mais pour que ces études soient complètes, il faut qu'elle y ajoute le tracé perspectif de la forme exacte du clair et de l'ombre, plus la valeur de ton des diverses ombres ; c'est ce nouveau travail qui lui fera obtenir le relief et la solidité de tout corps opaque.

DE LA LUMIÈRE ET DES OMBRES.

On nomme *objet lumineux* ou *corps lumineux* celui qui envoie directement la lumière à notre œil, comme le soleil, la lune, une flamme ; sa lumière s'appelle *lumière directe* ou *primitive*.

La lumière se propage toujours en ligne droite ; elle est

lancée du corps lumineux dans tous les sens par d'innombrables rayons dont l'ensemble occupe entièrement l'espace, si aucun corps ne s'offre pour les arrêter dans leur direction. Mais si ces rayons de lumière rencontrent un corps opaque, c'est-à-dire qui ne leur soit pas pénétrable, ils ne pourront s'étendre au-delà de ce corps; par conséquent l'interposition de ce corps privera de la lumière primitive la partie de l'espace qui se trouve directement derrière lui.

Tout corps opaque recevant la lumière directe doit se composer de deux parties très distinctes : d'abord de la partie qui reçoit les rayons de lumière, et que l'on nomme *partie dans la lumière* ou *partie éclairée;* puis de la partie qui ne peut pas être touchée par ces mêmes rayons, et qui se désigne par *partie privée de la lumière* ou *partie dans l'ombre.*

L'*ombre* ne peut donc exister que par privation de la lumière; c'est la différence entre une partie éclairée et une qui ne l'est pas.

Il y a deux espèces d'ombre, savoir : l'ombre proprement dite, ou partie d'un corps qui est privé de lumière, et l'ombre que projette un corps sur une surface quelconque; cette dernière se nomme *ombre portée.*

Plan de projection. Cette dénomination s'applique à toute surface qui reçoit une ombre projetée ou ombre portée. Ce plan peut être horizontal, vertical, incliné.

D'après ce que je viens d'établir, on comprend que l'ombre produite par un corps est toujours directement opposée à la lumière qui l'a produite, qu'elle suit les mouvements du corps lumineux; conséquemment, la lumière, l'ombre portée et le corps qui la produit sont en ligne droite.

La détermination des ombres comprend deux parties distinctes : l'une contient la forme exacte du contour des ombres : l'autre est la recherche de l'intensité des teintes à attribuer à chaque partie des surfaces qui reçoivent les ombres. Dans la première partie, dans laquelle on peut encore considérer deux cas : celui dans lequel le corps opaque qui porte ombre est terminé par des surfaces planes, et par conséquent par des arêtes rectilignes, et celui où il est terminé par des surfaces arrondies.

Pour obtenir toute la pureté possible dans la forme des ombres, je place les solides de manière qu'ils soient éclairés par le soleil; je fais placer l'élève successivement à des endroits opposés afin de lui faire étudier ces ombres sous tout leur aspect.

Les rayons du soleil sont considérés parallèles entre eux, à cause de la distance immense de l'astre à notre planète.

Le soleil peut être placé de trois manières différentes : 1° il peut se trouver à droite ou à gauche du dessinateur et des solides, à une distance infinie; alors les rayons lumineux sont parallèles aux surfaces de front; ils se tracent parallèles géométralement, et sont plus ou moins inclinés suivant la hauteur de l'astre. 2° Le soleil peut être derrière les solides, ou plus ou moins directement devant le dessinateur; les rayons solaires se trouvent parallèles fuyants, et comme tels doivent se réunir à un point de fuite qui est le centre de l'astre. 3° Le soleil peut enfin être situé en avant des solides, plus ou moins directement derrière le dessinateur; dans ce cas, les rayons solaires se trouvent encore parallèles fuyants, leur point de fuite est devant le dessinateur, autant au-dessous de l'horizon que le soleil en est au-dessus.

Les moyens manuels servant à obtenir la forme des diverses ombres sont les mêmes que ceux employés pour les corps solides; mais si l'on veut raisonner sur leur plus ou moins d'étendue et sur leur contour exact, on devra étudier cette partie importante dans mon *Cours complet de dessin linéaire et perspectif.*

DOUZIÈME PLANCHE.

Pour déterminer la forme de l'ombre portee par un solide quelconque.

Fig. 69. Placer le solide devant soi de manière qu'il soit éclairé par le soleil si cela est possible, ou bien par un jour vif et provenant d'un seul endroit, ce qui doit produire de la netteté dans la forme des ombres; copier le solide et ses ombres le plus juste possible par les moyens que nous avons employés à déterminer la forme de tout corps; la limite des

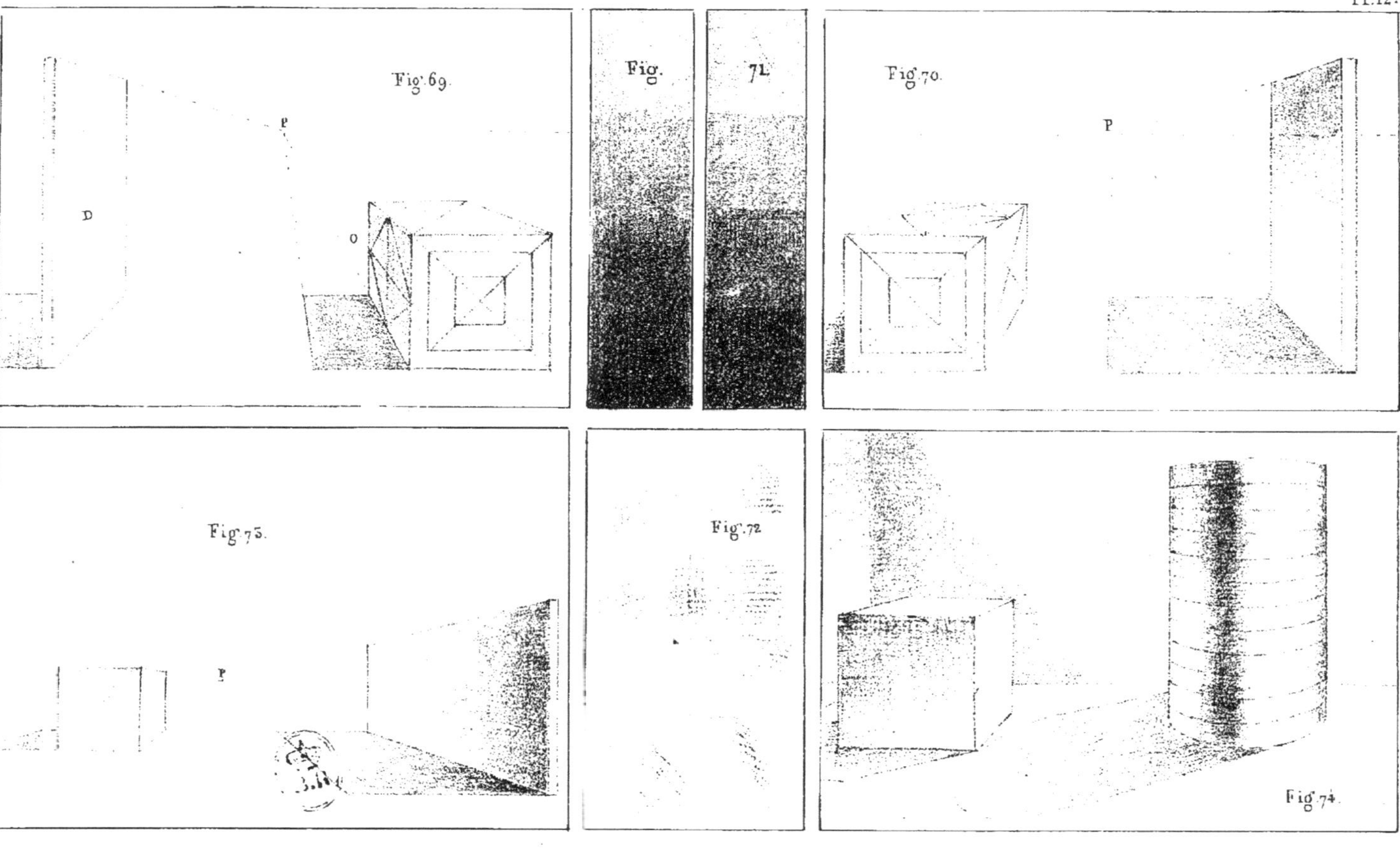

Études d'ombres, de teintes et de reflets

ombres étant arrêtée, ombrer par le moyen de l'estompe, comme je vais l'expliquer un peu plus loin.

Principes. L'ombre portée par une ligne horizontale sur un plan horizontal est toujours une ligne horizontale. L'ombre portée par une ligne fuyante sur un plan horizontal est une ligne fuyante parallèle à la ligne qui la produit; par conséquent concourt au même point de fuite.

L'ombre portée par une ligne verticale sur un plan horizontal, est dans la direction des rayons solaires.

De la valeur des ombres et des reflets.

Plus une surface est éclairée, plus les ombres qui seront portées sur cette surface seront vigoureuses.

L'ombre étant la différence d'un corps éclairé à celui qui ne l'est pas, il résulte que si la partie de la surface qui est autour de l'ombre portée est très vigoureusement éclairée, il y a une plus grande différence entre la partie claire et l'ombre portée, ce qui la fera paraître plus vigoureuse.

Moins une surface est éclairée, moins les ombres qui seront portées sur cette surface seront vigoureuses, par la raison inverse que je viens d'expliquer.

L'ombre portée est aussi d'autant plus prononcée que le corps qui la produit en est plus près.

Plus les rayons qui éclairent un objet approchent du moment où ils seront perpendiculaires à cet objet, plus cet objet est éclairé.

Plus les rayons arriveront sous un angle aigu, glissant sur une surface, moins ils éclaireront cette surface.

Lorsque la lumière arrive sur un corps solide, ce corps la renvoie aux autres corps qui l'environnent; alors ces corps sont dits *éclairés par reflet.*

La lumière est renvoyée avec d'autant plus de force que la surface qui la renvoie approchera le plus de la couleur blanche, et qu'elle sera plus ou moins polie; la lumière ainsi renvoyée se nomme *lumière de reflet.*

Plus une surface dans l'ombre sera directement devant et près de la surface éclairée et qui renvoie la lumière, plus elle en sera éclairée; plus elle en sera éloignée, et moins elle pourra en recevoir la lumière et en être éclairée. Ainsi, pour se rendre compte de ce principe, il faut se placer devant une table aussi isolée que possible, et disposée de manière que le soleil éclaire de côté; recouvrir cette table de papier blanc, et tracer dessus deux lignes horizontales, puis placer entre ces deux lignes, et parallèlement l'un à l'autre, un cube et une feuille de carton ou de bois blanc dont la forme est rectangulaire, et dont une dimension est aussi large qu'une face du cube, et l'autre dimension au moins deux fois aussi grande; le cube et cette surface doivent être éclairés par le soleil de côté, et en plus être disposés de manière que le rayon central soit parallèle à leurs faces fuyantes et se trouve entre eux, afin de laisser apercevoir la face éclairée de l'un et la face dans l'ombre de l'autre. Il est à observer que cette disposition est de rigueur.

Fig. 69. Soit D la face éclairée et O la face dans l'ombre, la face D reçoit la lumière directe et la renvoie par reflet à la face O. Plus ces deux surfaces seront près l'une de l'autre, plus la lumière de reflet sera vive, et plus la face dans l'ombre en sera éclairée vivement. La teinte de l'ombre portée sera toujours plus obscure que l'ombre du solide toutes les fois que ces corps seront disposés de cette manière; car, par sa position, cette ombre portée ne reçoit alors que très peu de lumière de reflet.

Pour se rendre compte de ces effets, on devra rapprocher et éloigner les solides l'un de l'autre et les dessiner, copiant exactement leurs formes, puis celles des ombres et leur valeur de teinte.

Pour ombrer.

Toute ombre d'un solide est formée de plusieurs nuances, qu'il faut placer l'une après l'autre, commençant par la plus claire et finissant par la plus foncée; la première nuance doit être parfaitement unie et se poser sur toute l'étendue de l'ombre, ce qui laisse déjà apercevoir l'effet général des masses d'ombres et des masses de clairs. Cette nuance placée, on s'occupe de la seconde nuance, qui est celle qui est la moins foncée après la plus claire; elle doit se poser sur les parties qui lui sont destinées et sur celles qui sont plus foncées qu'elle. On opère de même pour toutes les nuances, les plaçant par ordre de valeur de ton, et terminant par la plus vigoureuse. Ce mode d'opérer habitue à comparer continuellement la valeur des diverses nuances des teintes, ce qui les fait bien comprendre et représenter avec justesse.

Toutes les nuances doivent se placer avec l'estompe après avoir trempé, ou, pour mieux dire, frotté l'une de ces extrémités dans le noir pulvérisé du crayon à estomper. Plus l'estompe prendra de noir, plus la teinte qu'elle formera sera noire; moins elle en prendra, moins elle en déposera, et moins la teinte sera noire, etc., etc.

L'estompe de peau de daim placera les nuances claires, les demi-tons, et l'estompe de papier collé les nuances les plus foncées. Cependant, si ces dernières étaient très vigoureuses, il serait urgent d'avoir recours à l'estompe de papier non collé, car cette estompe, passée sur une teinte foncée, augmente sa valeur, par la tendance qu'elle a à écraser les parcelles de crayon déposées sur le dessin, et à les faire entrer dans l'épiderme du papier. On doit observer que, pour déposer le noir sur son dessin, il faut se servir toujours de la même extrémité de l'estompe afin de réserver l'autre extrémité propre autant que possible, la destinant à fondre ou à affaiblir les nuances claires et les demi-tons.

Les nuances étant disposées dans les limites de la place qui leur est destinée, comme il est représenté figure 71, on emploie l'estompe de peau de daim à les fondre l'une dans l'autre. Si ces nuances étaient très claires, on aurait recours à l'estompe de peau blanche, et si elles étaient très foncées, à celle de papier collé. Mélangées l'une dans l'autre, elles ne doivent plus offrir de transition apparente, mais bien une teinte dégradée.

Dans tous les cas, les teintes doivent être exécutées franchement; c'est-à-dire avec vitesse et facilité, et ne repassant l'estompe à la même place que le moins possible; sans cette précaution, on affaiblit et même on enlève une teinte au lieu de la renforcer de valeur.

Les grosses estompes servent à ébaucher et maser; les

moyennes pour fondre et mettre les vigueurs, et les petites pour terminer. En conséquence, il est urgent d'avoir des estompes de différentes grosseurs, de papier non collé, et il est bon de savoir les confectionner soi-même; on emploie, en général, pour cela du papier gris; pour s'assurer qu'il n'est pas collé, on le mouille avec la langue, puis on le place verticalement entre son œil et une fenêtre, de manière que le jour frappe derrière, et que l'œil n'aperçoive que le côté qui est dans l'ombre. La partie mouillée apparaîtra alors claire et transparente; mais, s'il est collé, elle ne sera pas différente du reste de la feuille.

Il est encore un autre moyen de vérifier, qui consiste à écrire sur la surface du papier; lorsqu'il n'est point collé, il doit boire l'encre et en être de suite traversé entièrement.

Ayant vérifié, on coupe le papier par bandes larges de cinq à six pouces et longues plus ou moins, suivant la grosseur que l'on veut donner à l'estompe; on roule cette bande le plus serré possible et de manière qu'il n'y ait aucun vide dans l'intérieur, et principalement dans la ligne centrale; pour terminer, on lie fortement, et l'on fixe avec un peu de colle de farine. Lorsque cette estompe est parfaitement sèche on taille ses extrémités, leur donnant la forme convenable, ce qui s'exécute au moyen d'un canif ou d'un rasoir.

Les *tortillons* doivent faire partie de la catégorie des estompes, puisqu'ils remplissent les mêmes fonctions que les petites de papier collé. On les emploie beaucoup dans le fini des détails.

Le tortillon se fait avec un peu de papier collé que l'on déchire en forme de triangle. Il y a une manière particulière de déchirer ce papier, qui est de le tenir de la main gauche et horizontalement, puis de le saisir de la main droite, et de le séparer d'abord par un mouvement prompt, en éloignant les mains, dont l'une s'élève et l'autre s'abaisse, puis en ramenant la main droite horizontalement vers soi et en éloignant horizontalement la main gauche; de cette manière le papier se déchire en se dédoublant sur le bord dans toute sa longueur, ce qui offre un avantage pour pouvoir le rouler serré, ce qui s'effectue avec le pouce et le premier doigt de la main droite. On commence par rouler la partie la plus aiguë du triangle. Comme c'est elle qui doit former l'extrémité utile du tortillon, il faut qu'elle ne soit pas trop effilée, afin d'avoir assez de consistance pour pouvoir exécuter le travail qui lui est affecté.

Plus une teinte a d'étendue, plus elle doit être exécutée largement. Pour cela on tient l'estompe inclinée de manière à toucher le plus à la fois de la surface du dessin; par cette disposition, elle dépose la poudre du crayon à estomper plus abondamment et couvre avec prestesse toute l'étendue de la teinte. On entend par largement un travail facile, tendant par sa manière d'être exécuté, à couvrir entièrement la surface de la teinte sans laisser apercevoir entre ses coups d'estompe aucun intervalle blanc. Un travail maigre est l'inverse d'un travail large; il est exécuté timidement, péniblement, par de petits coups secs et non liés entre eux, etc.

La mie de pain apprêtée en boulettes rend de grands services pour enlever les clairs non ménagés et les endroits dépassés du contour qui contient une teinte, mais elle devient pernicieuse toutes les fois qu'il faudra repasser une nuance sur les endroits ainsi enlevés; car la mie de pain a le désavantage de s'imprégner de l'humidité des doigts, et alors de graisser et polir le grain du papier, ce qui crée un obstacle par la difficulté qu'éprouve l'estompe de faire mordre le noir à estomper. Le *coton* sert à adoucir les teintes claires et à les fondre entre elles. Je reviens à l'étude des reflets.

Fig. 70. Les modèles, c'est-à-dire le cube et la surface fuyante de carton mince étant toujours placés comme à la figure 69, le dessinateur se place comme il était alors, puis il les change de place, de manière que le cube se trouve à la place de la surface de carton, et qu'alors, c'est la face visible du cube qui est éclairée; ce changement produit une différence dans la valeur de la teinte d'ombre de la surface de carton qui est dans l'ombre. Au lieu de n'offrir qu'une nuance uniforme, comme à la figure 69, elle présente une teinte formée de deux nuances fondues imperceptiblement l'une dans l'autre: la partie inférieure est la plus claire, et la partie supérieure la plus foncée; la raison en est que la partie supérieure est la plus éloignée de la face du cube qui renvoie la lumière par reflet à toute la surface qui est dans l'ombre, et que *plus une surface dans l'ombre s'éloignera de la surface qui l'éclaire par reflet, moins elle en sera éclairée.*

Remarque. Dans cette figure et les suivantes, j'ai prononcé les nuances des teintes plus qu'elles n'apparaissent; mon but a été, en les représentant telles, de les rendre saisissables à la vue et au raisonnement pour toutes les intelligences; mais je ferai observer que, dans la représentation faite d'après les solides, elles doivent être copiées aussi juste que possible.

La figure 73 n'offre que deux nuances dans la même teinte, mais elles sont disposées différemment que celles de la figure 70.

On peut pousser plus loin l'étude des nuances de teinte sur les solides rectilignes; mais il faut se souvenir pour toutes, que toujours les parties les plus près du corps qui renvoie la lumière par reflet en sont les plus éclairées, que les parties les plus éloignées en sont les moins éclairées, et qu'à mesure qu'une surface s'en éloigne, elle en reçoit moins vivement le reflet, et par conséquent s'assombrit insensiblement.

Des hachures.

Quoique l'on puisse terminer un dessin entièrement à l'estompe, il est bon parfois de le finir par quelques hachures placées à propos, ce qui varie le travail et lui donne du piquant.

Les *hachures* sont des traits de crayon ou lignes parallèles plus ou moins rapprochées, tantôt droites, tantôt courbes, suivant que l'objet à représenter est formé de surfaces planes ou de surfaces courbes; elles servent à exprimer la direction, la forme, le volume, la dureté, la mollesse, etc.; le sens dans lequel il faut les tracer n'est pas arbitraire, il doit être subordonné à la direction des surfaces; ainsi, sur une surface verticale, les hachures sont verticales; sur une surface horizontale, elles sont horizontales, etc., etc.

Règle générale. *Les hachures doivent toujours suivre la direction de l'objet.* S'il y a plusieurs hachures les unes sur les autres, ainsi qu'on est obligé de le faire très souvent, il faut que celles qui expriment la direction, la forme, soient dominantes, de sorte que toutes les autres ne servent qu'à les glacer, à les fondre, à augmenter l'effet. Comme les ombres diminuent ordinairement de l'endroit le plus sombre vers les parties plus claires, on observe dans les hachures de les faire moins prononcées à mesure qu'elles approchent de la partie éclairée, et de les terminer en mourant, c'est-à-dire par une pointe fine et imperceptible. Sur les ombres fortes, on place des hachures larges ; sur celles qui sont faibles, sur les demi-tons, des hachures plus étroites. La dureté, le souple, la mollesse, s'expriment par des travaux différents et par le degré d'énergie du tracé des hachures ; formées de traits larges, s'arrêtant brusquement, pour ainsi dire par trop court, elles donneront de la dureté à la surface sur laquelle elles sont ainsi tracées ; le même effet a lieu plus agréablement en croisant les hachures à angle droit; de la sorte, elles concourent à représenter convenablement la pierre, le bois, la terre, etc. Pour obtenir du souple, du moelleux, il faut faire des hachures fines, mais grassement tracées; de plus, elles doivent être assez rapprochées ; cependant il est préférable de les croiser en losange, etc. Du reste, comme je l'ai dit en tête de cet article, il ne faut employer de hachures que le moins possible, et cela par deux raisons : la première est que plus l'on couvre de hachures une surface, plus on emploie un travail de convention, car l'on n'en aperçoit pas dans la nature ; qu'une teinte faite, ou recouverte entièrement de hachures, offre de grandes difficultés dans l'exécution, et qu'autant il peut y avoir d'esprit dans le placement de quelques unes mises à propos, autant il est difficile d'en mettre si elles deviennent nombreuses; car il est à remarquer que les détails n'apparaissent nettement à l'œil, sans confusion, que lorsqu'ils sont isolés; s'ils sont disposés partout également et en profusion, le regard les aperçoit tous à la fois, ce qui ne laisse aucun repos, et détruit le charme que chacun peut avoir isolément. La seconde raison, qui n'est pas la moins concluante, est qu'il faut beaucoup de temps pour exécuter ou recouvrir entièrement par des hachures une teinte, et que l'on doit préférer exécuter plusieurs études que de n'en exécuter qu'une seule, surtout si elles doivent être faites avec le même soin, ce qui doit nécessairement conduire plus vite au progrès. Le procédé d'opérer par grand nombre de hachures est excellent comme exercice aux personnes qui se destinent à une profession qui est forcée par sa nature à employer ce mode. A ceux-là je permets d'en tracer tant qu'ils voudront; mais aux autres le moins possible, seulement pour rehausser et varier le travail de l'estompe.

J'ai représenté, dans la figure 72, les applications des principes que je viens d'établir, et j'ai indiqué sur ces figures le prononcé que doivent avoir les hachures.

Étude de la forme apparente de la démarcation du clair et de l'ombre, et de la valeur approximative des teintes sur les solides curvilignes et formés de surfaces courbes.

Les solides formés de surfaces courbes et curvilignes ont la teinte du clair et de l'ombre beaucoup moins prononcée que celles des solides rectilignes; car, au lieu d'être, comme à eux, une ligne droite ou arête tranchant brusquement, c'est seulement le résultat produit par les rayons solaires, tangents aux parties de la surface qu'ils peuvent et à celles qu'ils ne peuvent pas éclairer. La forme courbe et fuyante de la surface fait que ces rayons glissent de plus en plus sur la partie claire en approchant de ces extrémités, ce qui les fait quitter cette partie et arriver imperceptiblement sur celle de l'ombre, et fondre le passage de ces deux teintes par une dégradation insensible.

Les principes des reflets sont les mêmes que pour les solides rectangulaires, ayant égard aux modifications que la forme fuyante des surfaces courbes doit apporter au développement des rayons reflétés, car cette disposition les empêche de s'étendre également, n'arrivant pas de même sur toutes les parties qu'ils doivent atteindre; ceux qui sont le plus près du solide arrivent dessus à angle droit, et tous les autres obliquement; il en résulte que la partie sur laquelle la lumière de reflet frappe d'aplomb est plus brillante que celles qui l'entourent et sur lesquelles les rayons ne font que glisser, et j'en conclus que *les reflets sur les solides formés de surfaces courbes et curvilignes ne peuvent s'étendre et se fondre imperceptiblement avec la teinte qui les entoure, autant que sur les solides rectangu-*

laires; qu'il résulte de cette disposition une plus grande différence dans la valeur des nuances des teintes.

Remarque. Un solide formé de surfaces courbe et curviligne, éclairé par une seule lumière et par les reflets qui en dérivent, se compose de deux grandes divisions, le clair et l'ombre, qui se trouvent à leur tour subdivisés en nuances différentes. Si l'on analyse la totalité, commençant par l'extrémité du clair opposé à l'ombre, on trouve 1° un demi-ton joignant le clair au fond sur lequel le solide se détache; 2° le clair vif; 3° un demi-ton liant le clair à l'ombre; 4° l'ombre forte ou partie la plus vigoureuse; 5° un demi-ton servant de passage à l'ombre et au fond; en plus, ces divers tons se marient ensemble par un passage gradué.

Il est à observer que l'on peut toujours, avec ces cinq tons, imiter le relief de tout corps rond. Je les ai placés chacun à leur place dans la figure 74.

Des Fonds.

Tous les exercices d'ombres que nous avons faits ont été exécutés sur le fond blanc du papier; nous ne nous sommes aucunement occupés de l'harmonie qui doit exister entre le solide et le fond sur lequel il apparaît se détacher. Pour compléter nos études, nous devons donc dessiner de nouveau ces solides, représentant non seulement toutes leurs teintes, mais encore le ton du fond sur lequel ils se trouvent.

Tout corps solide placé devant le dessinateur lui apparaît se détacher en clair ou en foncé sur le fond qui lui sert de repoussoir. Il est important de représenter la nuance de ce fond aussi fidèlement que possible, afin de ne pas se créer de difficultés; car l'on comprendra que si ce fond prenait arbitrairement la nuance qu'il conviendrait de lui donner, il arriverait souvent qu'il se trouverait trop clair ou trop foncé, par rapport aux nuances des diverses teintes du solide; il y aurait alors désaccord entre lui et son fond; si le fond était trop foncé, les teintes claires et les demi-tons du solide sembleraient trop pâles; si au contraire le fond était trop clair, les teintes foncées du solide paraîtraient trop vigoureuses, etc., etc.

Pour me résumer, je dirai qu'en étudiant un solide, il faut conserver, autant que possible, l'harmonie qui existe entre le corps et le fond sur lequel il se détache; que cette harmonie consiste dans le rapport exact de la valeur des teintes du solide avec ce qui l'entoure; donc qu'il faut copier aussi fidèlement la nuance du fond que celles des diverses teintes du solide.

Dans l'exécution du dessin d'un solide, le fond doit se masser au fur et à mesure que l'on ébauche les nuances de teinte du solide, afin de pouvoir juger par là de la valeur et du rapport de tous les tons.

Du papier de couleur.

L'usage du papier de couleur est d'abréger le travail, c'est-à-dire d'opérer plus promptement que sur le papier blanc, par l'avantage que sa nuance offre une demi-teinte naturelle plus ou moins foncée; mais pour profiter du bénéfice de cette teinte, il faut employer le crayon blanc pour obtenir les clairs. Quant à la méthode de confection du reste de la figure, elle est absolument la même que pour le papier blanc : on trace d'abord la ligne de démarcation du clair et de l'ombre, puis seulement, au lieu de s'occuper des demi-tons, on attaque les clairs vifs. Le crayon blanc employé à cet effet doit plutôt être tendre que dur, afin de pouvoir s'étendre convenablement; on le place soit en l'écrasant, soit par hachures exécutées franchement et se terminant finement; dans le premier cas, on adoucit la limite de son contour avec l'estompe de peau de daim, ou même avec le doigt. La règle que l'on peut suivre pour employer l'un ou l'autre de ces moyens, est que, lorsque le clair doit être assez étendu, qu'il doit contenir un grand espace, il est préférable d'écraser le crayon blanc afin de couvrir plus promptement; mais quand la partie claire doit être peu étendue, il convient mieux de l'exécuter par hachures, etc., etc.

CONCLUSION.

Cet ouvrage est un abrégé ou fraction la plus importante du grand travail que j'ai publié sur le dessin ; je le crois suffisant pour répondre aux besoins des classes ouvrières et des écoles primaires. Mais les personnes qui voudraient connaître à fond les règles du dessin doivent se procurer mon *Cours complet de dessin linéaire et perspectif*, qui ne leur laissera rien à désirer comme principes et exemples : en conséquence je termine par sa conclusion.

J'ai traité suffisamment, dans cette première partie, l'introduction à tous les genres de dessin ; mais comme chaque genre différent comporte son esprit d'exécution et sa science particulière, je travaille à développer ce que, pour chacun d'eux, il est urgent de connaître. Ces nouveaux ouvrages seront la seconde partie et la suite naturelle du *Cours complet de dessin linéaire et perspectif*. Ainsi, pour les personnes qui se destinent au paysage, j'ai fait et publié un *Cours complet de paysage*, dans lequel j'ai développé la forme particulière et l'aspect perspectif des rochers, terrains, lointains, etc., etc. ; je me suis attaché à l'étude de la physionomie des arbres comme ensemble et détail, des troncs, branches et feuillages ; j'ai insisté sur cette dernière partie, qui semble, par sa grande diversité, si difficile lorsqu'elle n'est pas soumise à des règles fixes ; j'ai posé, pour tout ce qui comporte le genre paysage, des principes qui m'ont donné la science ou révélé l'expérience d'observations faites dans diverses contrées, divers sols et situations ; j'ai cherché, dans les ouvrages des naturalistes et des voyageurs célèbres, à confirmer ce que j'avais vu et à profiter de leur savoir, de leurs découvertes. Le dessin de la figure humaine est tout différent de celui du paysage ; je lui ai, par cette raison, consacré un ouvrage particulier, un *Cours complet de dessin de la figure humaine*, traitant du dessin perspectif, du contour et du relief; de l'anatomie, base de la connaissance de la construction humaine, et des observations faites, sur la nature et l'antique, par moi ou recueillies de la bouche des artistes. Je n'ai pas oublié les classes industrielles et ouvrières, républiques laborieuses qui ont tant besoin de connaître le dessin pour rendre ce que le besoin ou le perfectionnement leur révèle, un *Cours complet de dessin d'ornement* leur est destiné; mais comme le temps s'écoule avec tant de rapidité qu'il empêche de réaliser aussi vite qu'on le voudrait tout ce que l'on conçoit, je suis forcé, tout en m'en occupant sérieusement, de remettre à plus tard la publication de ces deux derniers ouvrages. Du reste je termine et publie, concurremment avec ce travail, d'autres travaux tels qu'un *Cours complet de perspective linéaire*, traitant du tracé et de la composition des tableaux, de la distribution de la lumière, des ombres et du clair-obscur; les exemples contiennent l'analyse des meilleurs tableaux dans tous les genres, tels que portrait, histoire, genre, paysage, marine, intérieur, fleurs, etc.; un *Cours complet de perspective aérienne* et des effets divers produits par des causes accidentelles ou résultat des variations de l'atmosphère; un *Cours complet de dessin de fleurs et de fruits;* un *Cours complet de lithographie*, contenant la description des moyens à employer et des accidents à éviter pour dessiner sur pierre; un *Traité d'aquarelle*, etc., etc.

Lorsque j'aurai terminé la tâche que je me suis imposée, que j'aurai créé les méthodes qui manquaient dans l'enseignement du dessin artistique ou industriel, et pour lesquels j'étudie et sacrifie, depuis vingt ans, plaisirs et bien-être, je pense que mon passage sur cette terre aura été marqué de quelque utilité, autant au moins que si j'avais passé ma vie tranquille, la palette en main, confectionnant des tableaux. J'avoue cependant que, quelquefois, je regrette cette attrayante occupation, et que je comprends pourquoi les grands artistes ont négligé d'écrire les principes de leur art: c'est qu'ils ont compris que cette tâche est beaucoup moins brillante que celle de paraître au grand jour avec des œuvres compréhensibles pour toutes les classes et fascinant les masses par une puissance magique; que seulement alors les félicitations, les louanges embellissent d'une auréole glorieuse le moment de la vie.

THÉNOT.

TABLE

DES SOMMAIRES.

DES SOLIDES.

DES OMBRES.

PRATIQUES POUR DÉTERMINER LES OMBRES.

DES TEINTES.

CONCLUSION.

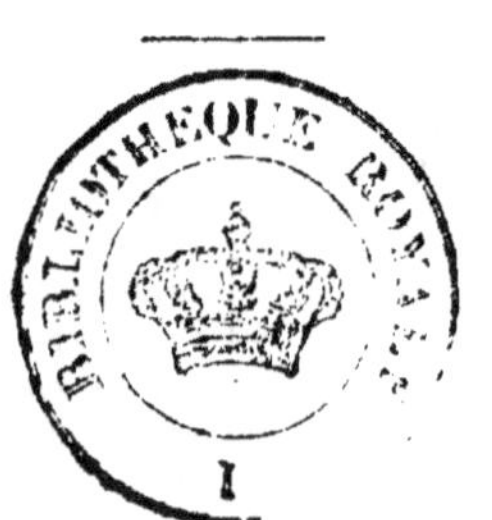

www.ingramcontent.com/pod-product-compliance
Lightning Source LLC
LaVergne TN
LVHW050422160826
845677LV00002BA/481
9782329751405